AI와 노동, 관계론적 접근

인공지능총서

인공지능 시대입니다. 기계가 인간의 인지를 대신하고, 사물이 인간을 통하지 않고 다른 사물과 직접 커뮤니케이션합니다. 이에 따른 인간 삶과 문명 변화를 정확히 이해 · 예측 · 대응하는 것은 이 시대 우리 모두의 과제입니다. 인공지능총서는 인공지능 기술과 환경의 여러 주제를 10가지 키워드로 정리합니다. 관련 개념과 이론, 학계와 산업계의 쟁점, 우리 일상의 변화를 다룹니다. 인간과 기술의 현재, 미래를 세심히 분석합니다.

일러두기

- 인명, 작품명, 저서명, 개념어 등은 한글과 함께 괄호 안에 해당 국가의 원어를 병기했습니다.
- 외래어 표기는 현행 어문규정의 외래어표기법을 따랐습니다.
- 이 책은 2020년 대한민국 교육부와 한국연구재단의 지원을 받아 수행된 연구입니다(NRF-2020S1A5B5A16083935).

처음이세요?

전문가세요?

AI와 노동, 관계론적 접근

김지연

대한민국, 서울, 커뮤니케이션북스, 2025

AI와 노동, 관계론적 접근

지은이 김지연
펴낸이 박영률

초판 1쇄 펴낸날 2025년 3월 24일

커뮤니케이션북스(주)
출판 등록 2007년 8월 17일 제313-2007-000166호
02880 서울시 성북구 성북로 5-11
전화(02) 7474 001, 팩스(02) 736 5047
commbooks@commbooks.com
www.commbooks.com

ISBN 979-11-7307-721-0 03500

책값은 뒤표지에 표시되어 있습니다.

차례

자동 기계의 미덕에 대하여

17세기 철학자 르네 데카르트는 처음으로 인간과 기계의 현실적 경계를 설정했다. 그에 따르면 이성(지능)은 명령문이 없이도 "삶의 모든 상황에 맞게 행동"할 수 있다. 그래서 이성을 '보편 도구(universal instrument)'라고 명명했다(Descartes, 1637/2021, 214쪽). 그러나 기계는 그럴 수 없다. 인간과 기계 사이의 그 틈새는 너무 깊고 멀어서 마법이 아니라면 결코 건널 수 없어 보였다.

AI 기술은 현실이 되기에 너무 터무니없는 것이었다. 그런데 어떻게 현실이 될 수 있었나? 인간의 강한 열망 덕분이다. 자동 기계에 대한 욕망은 역사가 깊다. 신화와 고문서, 그리고 전래 동화는 그 열망의 흔적을 담고 있다. 오래된 이야기 속에서 사람들이 열망했던 자동 기계의 이상을 쉽게 찾아볼 수 있다. 신화 속 자동 기계는 단지 스스로 움직인다는 특성에만 한정되지 않는다. 그것은 자신의 사용자(주인)와 미학적 관계를 수립한다.

마법의 망치, 묠니르의 자율성

북유럽 신화에서 천둥의 신 토르(Thor)는 마법의 망치를 들고 있다. 그 망치는 묠니르(Mjölnir)라고 불리는데, 난쟁이가 만든 마법 장치 중에서도 가장 훌륭한 것이다. 토르는 묠니르 덕분에 모두의 부러움을 산다. 묠니르는 천둥을 불러올 수 있고 무엇이든지 파괴할 수 있다. 무엇보다 토르의 정체성은 묠니르 덕분이다.

우선 묠니르는 사랑스럽다. 묠니르는 제작 과정에서 거인 로키(Loki)의 방해로 망치 자루가 짧아지는 결함을 얻는다. 그런데 이런 부족함조차 토르를 만나면서 사랑스러움으로 바뀐다. 토르는 크고 강하며 우직한 이미지를 가지고 있지만, 상대적으로 작은 망치를 사용함으로써 거대한 무기를 사용하는 영웅들에게 없는 친근함을 얻는다. 토르는 묠니르가 있어서 토르가 될 수 있었다.

이뿐만이 아니라 묠니르는 자율성을 가진다. 우선 주인을 스스로 선택한다. 묠니르가 허락하지 않은 사람은 그것을 들 수도 없다. 묠니르가 토르에게 자신의 사용을 허락한 덕분에 둘 사이의 서사가 시작된다는 점에서 이 망치는 단순한 대상이 아니다. 자기 주인(타자)을 선택하는 능력은 '주체'의 중요한 특성이다.

주체는 무한한 자유를 의미하는 것이 아니라 오히려

자신을 스스로 구속하는 능력에서 출발한다. 근대 시민은 자신의 헌법을 '선택'하며 그 헌법의 관점으로 세계를 해석한다. 그 세계에는 자신도 포함되어 있다. 다시 말해서 주체는 타자의 질서(헌법)에 근거해 자신조차도 제삼자처럼 규율한다는 원칙에 동의하는 존재다.

이런 점에서 주체는 그 존재 자체가 마법적이다. 어떻게 자기 자신을 타자에게 복종시키기로 스스로 작정할 수 있나? 이것은 인간에게도 놀라운 현상인데, 묠니르는 그런 마법을 발휘한다. 묠니르는 타자(토르)를 선택하고 그에 복종하기로 한다. 그런데 스스로 복종한다는 것은 불복종할 가능성도 포함한다.

묠니르는 토르를 대체하지 않는다

묠니르는 토르를 토르답게 만들어 준다는 점에서 단순한 도구 이상이다. 묠니르가 너무 매력적이어서 토르는 이 망치를 자주 도난당한다. 묠니르 없이 토르는 초라해진다. 묠니르를 찾아 나서는 애처로운 토르의 모험이 다시 토르의 서사를 강화한다.

묠니르는 토르와 분리할 수 없는 존재가 되며, 토르의 정체성을 완성한다. 그렇다고 해서 묠니르가 토르를 대체하는 것은 아니다. 묠니르는 토르를 더욱 토르답게 만들어 주면서도 자신의 독자적 매력도 유지한다. 만약 폴니르가 토르를 대체해 버렸다면 이 이야기는 더는 매력적이지 않을 것이다. 누구도 그런 끔찍한 상황을 상상조차 하지 않는다.

현실의 기계도 본래는 인간과 대립적이지 않았다. 인간은 기계를 발명하고 개선하며 자신의 기계를 사랑했다. 그런데 어느 날 모든 것이 바뀌었다(2장). 그러자 인간과 기계의 길고 긴 불화의 시대가 시작되었다.

노동과 기계에 관한 관계적 탐색

흔히 '자동 기계는 인간을 대체한다'는 식으로 이야기되곤 한다. 이런 관념은 자연스럽지 않고 당연히 권장할 만한 것도 아니다. 기계의 노동 대체 관념은 인간과 자동 기계의 관계를 경쟁과 대립의 관계로 전환했다. 바로 기계 물신주의 이데올로기다. 그런데 어떻게 이런 견해가 아무런 저항도 없이 일상적으로 유포될 뿐만 아니라 현실 질서를 구축할 수 있었을까?

이 오래된 불화를 극복할 수 없다면, 자동 기계의 발전은 인간의 불행과 동의어가 될 것이다. 이 책은 인간 노동과 자동 기계의 관계를 왜곡시킨 이데올로기에 대한 관찰이며, 새로운 관계 설정을 위한 노력이다. 이것은 인간과 기계가 서로의 존재를 정당하게 지지하면서도 각자의 고유성을 수립하는 관계를 탐색하는 여정이다.

이 이야기는 단순히 노동에 대한 연민이 아니다. 이전 기술의 역사를 돌이켜볼 때, 노동의 문제를 진지하게 다루지 않는다면 우리 사회 그리고 우리의 삶에서 어떤 기술도 건강한 존재가 되기 어렵다. 그런 점에서 노동과 AI의 관계를 탐색하는 것은, 이 여정의 매우 중요한 출발점이다. 가장 현저하게 갈등이 일어날 곳이기 때문이다.

이 작업은 우리 삶과 기계의 관계에 관한 탐색을 함축한다. 이것은 기술에 관한 우리의 인식 전체에 관한 일이다. 어떤 기술도 완성된 형태로 우리 앞에 등장하지 않는다. 기계의 진정한 개선은 자동성의 증대에서 오는 것이 아니라, 오히려 "기계의 작동이 비결정의 여지를 내포한다"는 사실에서 온다(Simondon, 1958/2011, 13쪽). 비결정성의 여지란, 기계가 외부의 정보를 감지함으로써 비로소 어떤 결정이 일어나도록 남겨진 것이다. 그러므로 기술적 앙상블은 (외부) 정보에 대한 기계의 감수성에서 온다. 모든 기술은 자신의 환경(사회)을 감지할 때 정당한 존재로 구성될 수 있다. 우리는 기술 결정론 대신 관계적 탐색을 시작해야 한다.

식물이 태양의 가능성을 끌어냈듯이

우리는 AI라는 새로운 존재에 대해서 관계론적 질문을 생성할 수 있어야 한다. 지구 행성은 생태계 내 여러 존재가 서로 의존적인 관계를 형성하면서 자신의 자리를 얻는 과정에서 만들어질 수 있었다. 식물이 태양으로부터 태양이 알지 못했던 가능성을 끌어내는 것처럼(Latour, 2012/2023, 429쪽), 인간과 기계는 서로에게서 새로운 가능성을 끌어낼 수 있을 때 존재자가 될 수 있다. 그래야만 한다.

모든 기술이 그렇듯이 AI도 완성된 형태로 오지 않는다. 이제 겨우 맹아적 존재로서 다른 존재와의 관계를 형성하는 단계에 있을 뿐이다. AI가 정말로 '생각'하려면 그것은 일종의 '자율성'을 가져야 한다. 자율성은 내부에서 만들어지는 것이 아니라, '외부'에서 온다(Latour, 2012/2023). 외부의 무엇을 받아들이는 과정에서 그 존재자는 변신한다. 인간은 AI의 외부에 존재하는 강력한 타자 중 하나다. AI 기술이 관계에 주목해야 하는 이유다. 한편, 새로운 존재자는 기존의 관계를 재배열하므로 인간을 포함해 기존의 존재자를 변형으로 이끌게 된다. 이런 맥락에서 이 문제는 개인 소비자의 시장 선택 차원에 한정되지 않는다. AI가 성장할수록 이 문제는 공공적 의제이며 존재론적 사안이 된다.

이 책의 구성

이 책은 인간 노동과 기계의 관계를 살펴볼 수 있는 총 열 개의 이야기로 구성한다. 우선 1장 'AI와 함께, 불길한 노동 전망의 기원'에서 최근 AI에 관한 일반적인 전망의 문제점을 분석한다. 소위 전문가들은, 놀랍게도 거의 아무런 준비 없이 습관적으로, AI가 인간 노동을 사라지게 할 것으로 전망한다. 이처럼 전문가 집단은 관습적인 인식에 머물러 있는데, 대중은 아직 이 의제에 참여할 기회를 얻지 못하고 있다. AI 문제를 사회적 의제로 전환해, 누구나 이 의제에 견해를 표현할 수 있고 필요하다면 개입할 수 있어야 한다. 이 과정에서 전문가의 역할은 '답'을 정해 주는 것이 아니라, 사람들이 이 논의에 참여할 수 있도록 쟁점을 보고하는 것이다.

2장과 3장은 노동과 기계의 관계에 대한 두 가지 상반된 역사적 견해를 소개한다. 2장은 '배비지의 전략, 자본의 노동 통치'를 다룬다. 컴퓨터 창안자이며 계몽주의자였던 찰스 배비지는 19세기 초 산업 혁명 시기 자본가의 노동 통제 전략을 세우는 일을 주도했다. 배비지를 비롯해 당시 계몽주의자들은 기계가 노동을 대체한다는 이데올로기를 창안하고 유포했다. 그 결과 자본가(경영자)는 노동에 대한 통제권을 얻었고, 반면에 노동자는 기계와 경쟁해야 하는 처지로 추락했다.

3장 '마르크스의 기계 분석, 노동의 지위'에서 배비지와 정반대 입장에 섰던 혁명가 카를 마르크스의 주장을 살펴본다. 마르크스의 노동에 대한 정의는 매우 인간 중심적이다. 당시 노동자라는 사회 집단이 이제 막 형성되었고 그들의 삶은 매우 비참했다. 그는 노동자와 자본 사이의 관계를 전복하려 했다. 그가 기계로부터 인간 노동의 고유성을 지키려고 한 시도는 소중하다. 마르크스 이후에도 노동자의 삶과 노동의 의미는 계속해서 축소되고 매우 위태로워지고 있다. 마르크스는 노동자의 삶을 지키기 위해서 배비지와 마찬가지로 정반대의 이데올로기적 선언을 해야 했다.

4장에서는 배비지와 마르크스의 견해를 종합 분석함으로써 '산업 시대 노동 프레임을 넘어서'고자 새로운 여정을 제안한다. 19세기 산업 시대는 노동과 기계의 관계를 분리하고 적대하게 만드는 세계였다. 이 세계는 기계를 우상화하거나 반대로 노동을 신성화했다. 한쪽은 기계 낙관론을 설파하고 다른 한쪽은 기계 비관론을 주장한다. 이를 그대로 적용한다면 인간과 AI는 서로를 불행하게 할 것이다. 양자 모두를 위해서 산업 시대 대립적 관계를 해소하는 일이 당면한 과제로 부상한다.

5장 '노동과 지능'에서 노동에 대한 새로운 관점을 제시한다. 노동은 단지 신체만이 아니라 지능을 함축한다. 노동은 환경을 관찰하며 개척하는 모든 행위를 지칭하므로, 노동과 지능은 같은 활동의 다른 이름이다. 그 불가분적 관계는 오래전(구약성경의 창세기)부터 인류의 문화 안에 내장되어 있다. 그런데 근대 철학이 정신(이성)과 신체를 이원화하면서 문제가 발생했다. 신체의 활동(노동)은 그 중요성을 잃어버렸고 노동에 대한 인식도 퇴조했다.

6장에서 9장까지의 이야기는 현실의 노동과 기계의 관계를 분야별로 다룬다. 6장 '철도 노동과 자동화'에서는 노동 현장에서 자동화의 역사와 현실을 살펴본다. 최근 한국은행이 발간한 보고서 "AI와 노동 시장 변화"는 'AI 노출지수'를 기준으로 노동 대체 가능성이 큰 직업 중 하나로 '철도 및 전동차 기관사'를 꼽았다. 현장 노동자의 이야기를 통해 자동화 환경 속에 놓인 노동자의 일상을 탐색한다.

이어서 7장 '관계적 노동, 전산 노동 사례 연구'는 사회학자 벤저민 셰스타코프스키(B. Shestakofsky)의 소프트웨어 회사 연구를 토대로 논의한다. 이 연구는 AI 시스템이 노동자를 대체하는 것이 아니라 오히려 사람과 기술 간의 새로운 보완성을 불러온다는 통찰을 제시한다.

8장 '기계의 자율성과 실시간 협상'에서는 의료 진단과 수술 분야에 진출한 로봇 시스템에 대해 알아본다. 로봇 수술 시스템 분석 연구에 따르면, AI와 인간의 관계는 명시적 위임에 의해 결정되는 것이 아니라 양자가 서로 관여하는 방식에 의해 그때그때 결정된다. 이것은 AI와 그 사용자가 서로를 학습시키고 변화시키는 존재임을 시사한다.

9장 '과학노동과 AI, 새로운 노동 양태'에서는 2024년 노벨 화학상으로 주목을 받은 AI 프로그램 알파폴드(AlphaFold)를 소개한다. 단백질 접힘 구조를 찾는 과학 작업은 오랫동안 성과를 내기 어려운 분야였다. 알파폴드 연구자들은 단기간 내에 엄청난 결과를 달성했다. 물론 반론도 있지만, 알파폴드 사례는 과학자와 AI의 새로운 노동관계를 암시한다.

마지막 10장에서 앞의 논의를 토대로 '인간과 기계의 미학적 합성'을 제안한다. AI는 지속적으로 학습하며 적응하는 행위자다. 지능은 살아 있는 경험에 의해 지속적으로 재구성되어야 하기 때문이다. 이 기계는 지금 사회 환경에 적응해 자신의 고유한 서식지를 찾는 과정에 있다. 이 과정은 단지 기술적이거나 경제적인 것만이 아니라 사회 정치적이고 미학적 측면을 포함한다. 특히 AI의 운명은 인간 노동과의 관계를 어떻게 구성하는지에 달려 있다. 그리고 동시에 그것은 인간 문명의 고양에 기여하는 경로를 발견하는 일이 되어야 한다.

참고문헌

Descartes, R.(1637). *Meditations on first philosophy with selections from the objections and replies.* 이현복 옮김(2021). 『제일철학에 관한 성찰: 자연의 빛에 의한 진리 탐구』. 문예출판.

Latour, B.(2012). *Enquête sur les modes d'existence: Une anthropologie des modernes, La Découverte.* 황장진 옮김(2023). 『존재양식의 탐구: 근대인의 인류학』. 사월의책.

Simondon, G.(1958). *Du mode d'existence des objets techniques.* 김재희 옮김(2011). 『기술적 대상들의 존재 양식에 대하여』. 그린비.

01
AI와 함께, 불길한 노동 전망의 기원

오랫동안 SF에 불과했던 인공지능(AI)이 2016년 현실적 존재로 변신한다. 바로 알파고(AlphaGo)가 최정상 바둑 기사 이세돌을 4:0으로 크게 이긴 것이다. 이세돌-알파고 대국의 여파는 공학적 차원을 넘어서, 철학적 차원과 사회적 차원으로 곧장 증폭되었다. 2022년 챗지피티(ChatGPT) 등장 이후, AI는 인간의 삶에 뛰어든 구체적인 행위자가 되어 가고 있다.

AI와 1인 창업?

'일의 종말'을 유포하는 정부

인간의 삶에서 노동은 결정적이다. 철학자 미셸 푸코(Foucault, 1966/2012, 358쪽)에 따르면, 노동이라는 경제 활동은 대지의 자생적 결실만으로 먹고살 수 있는 사람의 수를 넘어서자 세계의 역사 위에 출현했다. 본래 모든 생물은 생존할 수 있는 수보다 더 많은 자손을 생산하는 경향(초생식성)이 있다(Gould, 1996/2002). 모든 생물종은 많은 자손을 낳지만 자연의 수용량을 넘어서는 대부분의 자손은 죽어야 할 운명이다. 오직 인간만이 자연의 한계를 벗어나 종의 확장을 꾀할 수 있었다. 이는 노동 활동이 인류가 인류다워지는 문제와 관련이 있음을 의미한다.

그처럼 결정적 역할을 하던 노동의 지위가 왜소해지고 있다. 알파고 이후 각국 정부는 AI 정책에서 노동의 종말을 당연한 사실로 단정하기 시작했다. 대표적으로 『백악관 과학기술위원회 보고서(Artificial Intelligence, Automation, and the Economy, Executive Office of the President of the U.S. Dec. 2016)』는 AI의 등장과 함께 다수 직업이 사라질 것으로 전망했다. 이 보고서는 "AI와 신기술이 정교해질수록 인간이 비교 우위를 가질 수 있는 기술은 점점 없어질 것"이라고 주장했다.

이 보고서가 언급한 '노동의 종말(the end of work)'은 미국의 경제학자 제러미 리프킨(Jeremy Rifkin)의 저서 『노동의 종말(The end of work)』(1995)로 유명해졌다. 사실 리프킨은 노동의 종말에 대한 타당한 근거를 제시하지는 못했다(Malm, 2016/2023; Silver, 2003/2005). 해커 윤리를 저술한 세 명의 기술 철학자 히매넌, 토발즈, 그리고 카스텔스(Himanen et al., 2001/2002)도 리프킨이 노동에 대한 일반적인 환상을 주장했을 뿐, 어떠한 근거도 제시하지 못했다고 비판했다. 기술 철학자 소병철(2009) 역시 리프킨의 주장을 반박한다. '노동의 종말'은 기술 발전의 필연적 결과라기보다 노동 관리 이데올로기이며 대량 실업 사태를 정당화하기 위해 만들어진 신화다.

그런데도 이 용어는 널리 유포되었다. 자동화가 일자리 감소로 곧장 이어진다는 논리가 우리 안에 뿌리 깊게 자리하고 있었기 때문이다. 아무도 이에 대해 의문을 품지 않는다는 점에서 이것은 '신화'의 지위에 있다. 우리나라 정부도 이 대열에 적극적으로 합류하고 있다. 예를 들어 한국은행은 보고서 『AI와 노동 시장 변화』(2023)를 통해서 'AI 노출지수'를 기준으로 사라질 직업의 순위를 제시했다. 이렇듯 정부의 발표와 전문가의 입을 빌려

'자동화 기계 신화'는 더 널리 퍼져 나가고 있다. AI 기술이 우리 삶에 미칠 영향을 고려할 때 이것은 공공적 사안이어야 하지만 관련 담론이 형성되지 않는 현상은 기이하다. 대부분 사람은 이 논의에서 배제된 채, 자동화 운명을 받아들여야 한다는 통고문만이 유포될 뿐이다.

'자동화 신화'는 기술을 신비화하고 관련 담론을 제거하는 산업 시대 이데올로기에서 나온 것이다. 우리는 인간 정치인에게 투표할 때는 매우 고심하지만, 기술 시스템을 선택할 때는 정치적 고려를 거의 하지 않는다(Jasanoff, 2016/2022). 두 가지 모두 권력(권한)을 위임하는 일인데도 하나는 정치적 중요성을 부여하고 다른 하나는 단지 기능성(효율성)만을 따진다.

랭던 위너(Winner, 1985)는 유명한 논문 "인공물은 정치적인가?(Do artifacts have politics?)"를 통해 기술의 정치성을 논증했다. 페미니스트 SF 작가 조애나 러스(Joanna Russ)도 이에 동의하면서, 기술에 정치성이 없었다면 자동 세탁기보다 원자폭탄이 먼저 개발될 수는 없었을 것이라고 지적했다(Russ, 1995/2020).

AI 기술에 관한 편향

무엇보다 AI 기술에 대한 편향을 살펴보는 것은 이 기술과 우리의 새로운 관계를 모색하는 가장 건강한 출발이다. 현재 드러나는 AI 기술에 관한 편향은 그동안 역사적으로 형성된 기술에 관한 편향을 고스란히 담고 있다. 먼저 (1) AI에 관한 논의의 차원을 경제적 효율성 문제로 국한하는 경향이다(경제주의). 다음으로, (2) AI는 고도의 기술 문제이므로 전문가만이 이 문제를 다룰 수 있다는 관념이다(전문가주의). 그리고 (3) 명시적 규정만 잘 만들면 좋은 윤리(규제) 모델이 나온다는 믿음이다(알고리즘주의). 마지막으로 (4) 인간과 기계 사이의 관계성을 무시한 채, AI 문제를 단편적이고 기능적으로 다루는 태도다(기능주의).

첫 번째 경제주의 편향은 AI에 관한 논의를 경제적 효율성으로 한정하기 때문에, AI와 인간의 관계를 전면적으로 고찰하는 일을 방해한다. 2016년 백악관 보고서는 AI 논의에 경제주의 편향을 적용할 때 어떤 답을 내놓는지를 잘 보여 준다. 이 보고서는 사람들이 새로운 기술 환경에 적응하도록 정부가 지원하라고 주문한다. 마치 정부가 노동자와 시민을 도와야 한다는 취지로 들리지만, 실상은 자본 중심적 정책을 권장한 것에 불과하다. 이 권유는 AI 문제로 인한 책임을 사실상 '재교육받지 않은 사람'에게 돌리려는 의도를 포함하고 있다. AI에 관한 역량을 갖추지 않는다면 누구든지 해고되는 것이 마땅하다는 인식을 각인하는 것이다. 이런 정책 방향성은 기계와 인간 사이의 경쟁과 대립 그리고 깊은 불화를 강화할 뿐이다.

두 번째 편향은 전문가주의 문제다. 이것은 기술 사용자와 시민의 개입을 허락하지 않는 것이다. 근대 과학은 '논쟁의 여지 없는 이성의 통치'를 지향해 왔다(Latour, 2012/2023). 그 덕분에 과학 기술은 국가의 재원을 사용하고 있고 그 결과가 큰 사회적 영향을 미치는데도 그동안 공적 개입을 받지 않았고 과학자와 전문가의 질서를 구축했다. 기술은 특히 더욱 그 양상이 강하다. 이에 관한 성찰이 일어나면서 최근 시민 참여와 시민 과학 그리고 대중 참여 과학 연구 방법론이 부상하고 있다.

알고리즘만으로 풀 수 있나?

세 번째 편향은 알고리즘주의다. 명시적 규정만 잘 만들면 '윤리적인 AI'를 구현할 수 있다는 믿음이다. 이것은 일종의 알고리즘 결정론이다. 대표적 사례로 ≪네이처(Nature)≫에 실린 "도덕 기계 실험(The moral machine experiment)"(Awad et al., 2018) 논문을 들 수 있다. 이 논문은 "아이와 노인 중 누구를 보호할 것인가?"와 같은 딜레마 상황에 대해 설문 조사를 하고 이를 자율 주행 자동차의 알고리즘에 응용할 수 있다고 제안했다. 이 사례는 아무런 비평 없이 국내 대부분의 인공지능 교과서에 포함되어 학생들에게 알고리즘 만능주의를 주입하고 있다(김지연 · 김성희, 2023). 이런 간편한 방식으로 AI 윤리가 달성될 수 있었다면 이 기술에 관한 사회의 우려는 어리석은 일일 것이다. 이 불가능한 일을 현실로 구현하려 한다면 그 사회는 가혹한 기계 독재 시대를 맞을 것이다.

아이작 아시모프(Isaac Asimov)의 과학 소설 『아이, 로봇(I, Robot)』(1950)은 이미 알고리즘주의 문제를 지적한 바 있다. 이 소설 속에서 '로봇 윤리(로봇 3원칙)'는 사람들이 로봇에 기대하는 상식적인 규범을 알고리즘화한 것이다. 그 내용은 제1원칙(인간을 해치지 않는다)을 위배하지 않는 범위에서 2원칙(인간의 명령에 복종한다)을 허락하며, 2원칙을 위배하지 않는 범위에서 3원칙(로봇 자신을 보호한다)을 허락한다. 누구나 고개를 끄덕일 만한 훌륭한 내용이었다. 게다가 소설 속 로봇들은 이 원칙에 충실히 복종하고자 '노력'한다. 그런데도 로봇 3원칙은 실제로 작동하지 못하고 조금씩 어그러지다가 완전히 반대의 결론으로 유도되어 버리곤 한다. 로봇 원칙은 왜 제대로 작동할 수 없었나?

이 문제는 무엇보다도 로봇 3원칙이 알고리즘에 내장된 후 아무런 피드백 없이 작동하는 폐쇄적 과정이라는 점과 관련이 있다. 명문화된 규정은 표준적인 상황을 가정해 환원된 것이므로 현실의 다양함을 대변하지 못한다. 우리가 직면하는 삶의 상황은 모두 다르다. 장자(2010)는 말한다. "지금 책상에 기대고 있는 것은 전날 책상에 기대고 있던 모습이 아니다."

알고리즘만으로 문제가 해소될 수 없다는 것은 현실 법을 준수하는 모습에서 쉽게 알 수 있다. 사람들은 일상을 살아가며 (의식적으로 그리고 무의식적으로) 순간순간 자신의 행위가 법과 상식에 부합하는지를 해석한다. 더 적절한 해석을 위해서 타자의 행동을 모방하거나 외부 환경을 검토한다. 이 과정에서 잘못된 적용이 있다면 반성하고 행동을 바꾸기도 한다. 이것이 바로 학습과 적응의 과정이다.

이를 로봇에 적용하면 로봇은 매 순간 로봇 3원칙을 해석해야만 한다. 『아이, 로봇』 세계의 로봇은 자기 행동이 '현실에 조응하는지' 확인하는 외재적 과정이 없다. 로봇이 처한 세계(환경)와의 '실시간 피드백 과정'이 제공되지 않은 상태이므로, 로봇 윤리 알고리즘은 실패할 수밖에 없었다.

또 다른 알고리즘주의 편향 중 하나로, AI 알고리즘을 공개하면 문제를 해소할 수 있다는 견해가 있다. 물론 알고리즘에 내장된 편향을 걸러내는 일은 필요하다. 다만 그것만으로 AI 문제를 해소할 수 있다고 기대하는 것은 잘못이다. 알고리즘을 공개하더라도 문제를 특정하기 어려울 가능성이 크다. 몇 줄의 명시적인 코드 형태로 '사악한 문제'가 거기에 있을 가능성은 거의 없다. 오히려 개별 코드는 전혀 문제가 없더라도 AI의 행위가 결과적으로 문제를 일으킬 수 있다.

AI는 생명의 작동처럼 끊임없이 학습하고 적응하는 체제를 지향한다. 앨런 튜링은 '생각하는 기계(thinking machine)'를 정의하면서 '환경에 조응해 자기 자신을 수정·개선하는 프로그램'이라고 언급했다(Turing, 1950). 그래서 그는 이 기계의 초기 프로그램을 '아이-기계(child-machine)'라고 명명했다. 알고리즘은 그런 '아이-기계'일 뿐이다. 단지 알고리즘 규제만으로 충분하다면 그것은 AI라는 정의에 부합하지 않는 기계일 것이다.

불가능한 것을 금지하기

철학자 슬라보이 지제크(Slavoj Žižek)는 "포스트휴먼의 사막에 오신 것을 환영합니다"(한겨레, 2023.4.16)라는 칼럼에서 "불가능한 것을 금지"해야 한다고 언급한 바 있다. 이는 기존의 AI 윤리 담론이 놓치고 있던 중요한 문제를 제기한 것으로, AI가 불가능한 것을 시도할 가능성을 지적한 것이다.

'불가능한 것'은 이미 불가능한데 왜 금지되어야 하는가? 무엇보다 불가능한 것을 가능한 것으로 가장하는 '신화'를 만들기 때문이다. 역사학자 에드워드 톰슨은 『영국 노동계급의 형성』(Thomson, 1963/2000)에서 1830년대 노동자의 실상을 전한다. "어떤 사회적 마술을 부렸기에 노동을 줄여 주는 발명품들이 노동자들을 더 비참하게 만드는 기구가 되었을까?" 그 '마술'이 바로 '자동화 이데올로기'다.

19세기 자본의 실제적 등장은 단지 자본 축적이나 기술 발전에서 온 것이 아니라, 노동자와 기계의 관계 변형에서 나왔다(2장). 기계가 인간을 대체하는 일은 원천적으로 불가능했기에 성공할 수 없었지만, 기계가 인간을 대체한다는 '신화'를 만드는 작업은 성공한 것이다. 당시 자본가와 계몽주의 그리고 진보주의자들은 그 불가능한 마술을 시도했고 그로부터 이득을 얻었다. 그 유산으로 인해 인간과 기계의 관계는 지금도 대립과 불화의 운명에 갇혀 있다.

노동과 AI의 관계, 공공적 의제화

AI가 현실적 존재가 되기 위해서 'AI 윤리'와 규제 문제에 대한 사회적 합의가 필수적이다. 우리는 AI를 단지 기계(기술)로만 간주하기보다 새로운 종 차원의 문제로 다루어야 한다. AI가 존재하는 것이 되려면, 모든 다른 존재와의 관계를 재조정해야 한다. 인간만이 아니라 다른 모든 존재와의 관계를 탐색하고 조망해야 한다. 이를 위해 노동 문제는 좋은 출발이다. 노동을 통해서 인간은 다른 존재와 가장 깊게 관여하기 때문이다.

사회 정치적 차원에서도 노동은 중요한 의제다. 시민의 삶에서 가장 긴급한 질문은 주로 노동 영역에서 발생한다. 피터 앤서니(Peter D. Anthony)는 『노동의 이데올로기(The ideology of work)』(1977)에서 폭정과 민주주의 사이의 가장 중대하고 즉각적인 차이는 노동에서 먼저 나타난다고 강조한다. 실제로 20~30대 청년들은 AI의 직업 대체 가능성에 대한 불안으로 크게 흔들리고 있다(정민영 외, 2023). 청년을 가족으로 둔 사람들도 마찬가지로 불안해하고 있다.

이런 맥락에서 AI 문제를 단순히 개인 역량 문제로 떠넘기지 말아야 하고, 사회적 의제로 삼아 함께 조정해 가야 한다. 누구나 이 의제에 대해 견해를 가지고 개입할 수 있어야 한다. AI는 무수히 많은 세계 내 존재자들과의 관계 조정에 나서야 하므로 그것이 불러일으키는 사건은 특정 전문 영역의 일로 한정되지 않는다. AI에 관한 규제는 규범적 접근만이 아니라 관계적 접근을 모색해야 한다. 정부의 역할은 단정적으로 '답'을 정해 주는 것이 아니라, 사람들이 이 논의에 참여할 수 있도록 안정적 경로를 수립하는 것이다. 곳곳에서 일어나는 AI 현상을 집단적 차원에서 관찰하고 종합할 수 있도록 제도적 장치를 마련해야 한다.

참고문헌

김지연·박진희(2024). 시민과학 기반 AI 거버넌스에 대하여. ≪과학기술학연구≫, 24(3), 97-132쪽.

소병철(2002). 기술, 노동, 이데올로기: 지배적 기술-노동 이데올로기의 한 비판. ≪민주주의와 인권≫, 9(1), 209-235쪽.

슬라보이 지제크(2023.4.16). 포스트휴먼의 사막에 오신 것을 환영합니다. 한겨레. https://www.hani.co.kr/arti/opinion/column/1088082.html

장자(2010). 『장자: 내편』. 을유문화사.

정민영 외(2023). 돌봄물로서의 인공지능: 20대 청년의 인공지능 불안과 취업스트레스를 중심으로. ≪과학기술학연구≫, 23(2), 112-144쪽.

Awad, E., et al.(2018). The moral machine experiment. *Nature*, 563(7729), pp.59-64.

Anthony, P. D.(1977). *The ideology of work*. Routledge.

Foucault, M.(1966). *Les mots et les choses*. 이광래 옮김(2012). 『말과 사물』. 민음사.

Gould, S. J.(1996). *Full house: The spread of excellence from Plato to Darwin*. 이명희 옮김(2002). 『풀하우스: 진화는 진보가 아니라 다양성의 증가다』. 사이언스북스.

Jasanoff, S.(2016). *Ethics of invention: Technology and the human future*. 김명진 옮김(2022). 『테크놀로지의 정치: 유전자 조작에서 디지털 프라이버시까지』. 창비.

Latour, B.(2012). *Enquête sur les modes d'existence : une anthropologie des modernes*. 황장진 옮김(2023). 『존재양식의 탐구: 근대인의 인류학』. 사월의책.

Malm, A.(2016). *Fossil capital: The rise of steam power and the roots of global warming*. 위대현 옮김(2023). 『화석 자본 : 증기력의 발흥과 지구온난화의 기원』. 두번째테제.

Russ, J.(1995). *To write like a woman: Essays in feminism and science fiction*. 나현영 옮김(2020). 『SF는 어떻게 여자들의 놀이터가 되었나』. 포도밭.

Silver, B. J.(2003). *Forces of labor: Worker's movements and globalization since 1870*. 백승욱 외 옮김(2005). 『노동의 힘: 1870년 이후의 노동자 운동과 세계화』. 그린비.

Himanen, P., et al.(2001). *The hacker ethic: A radical approach to the philosophy of business*. 신현승 옮김(2002). 『해커, 디지털 시대의 장인들』. 세종서적.

Thomson, E. P.(1963). *Making of the English working class*. 나종일 외 옮김(2000). 『영국 노동계급의 형성』. 창작과비평.

Turing, A. M.(1950). Computing machinery and intelligence. *Mind*, 59, pp.433-460.

02
배비지의 전략, 자본의 노동 통치

산업 시대는 단지 기술 발전이나 자본 축적으로 만들어진 것이 아니다. 오히려 '자동화 신화' 덕분에 만들어졌다. 19세기 계몽주의자와 진보주의자는 '기계가 인간 노동을 대체한다'라는 신화를 유포하면서 노동자에 대한 통제를 완성할 수 있었다. 이 신화적 명령은 인간(노동자)에게 큰 고통을 안겼다.

AI와 MBTI?

배비지의 기계

앤드루 유어(Andrew Ure, 1778~1857)와 찰스 배비지(Charles Babbage, 1791~1871) 같은 과학자 집단은 19세기 자본주의 완성에 기여한다. 과학자이면서 경영이론가였던 유어는 자신의 책 『기술, 제조업, 광업 사전(Dictionary of arts manufactures and mines)』(1839)에서 자동화 이념을 공식화했다. 컴퓨터 창안자이며 계몽주의자였던 배비지도 인간 노동을 기계로 이전하기 위해 집요하게 노력했다(Malm, 2016/2023; Schaffer, 1994). 그들의 노력은 '성공'했다.

배비지는 1832년 영국 정부의 지원을 받아 소수점 여섯 자리까지 '계산하는 엔진(calculating engines)'을 만들었다. 당시 런던천문학회 학회장이고 금융가였던 헨리 콜브룩(Henry Colebrooke)은 이 장치의 중요성을 다음과 같이 언급했다.

> "내가 관심을 두는 그 발명은 지능적 과정을 기계적 성능으로 대체했다. 배비지 씨의 발명은 컴퓨터 대신에 엔진을 배치했다(Schaffer, 1994)."

여기서 '컴퓨터'란 당시 천문학 작업에서 이루어지는

반복적 계산을 수행하는 사람을 말한다. 배비지의 기계는 인간의 지적 노동을 대체하려는 시도였다. 이후 사람들은 '기계 컴퓨터'가 '인간 컴퓨터'를 대체했다고 말한다. 이 기계가 인간을 대신할 수 있었던 것은 계산 작업이 본래 기계성을 가진 덕분이다.

1842년 배비지는 더 복잡하고 프로그래밍이 가능한 계산기인 '해석 기관(오늘날의 컴퓨터)'을 설계했다. 이 기관을 실제로 만드는 데는 성공하지 못했다. 부품은 정밀해야 했고 실험은 더디고 정부는 지원금을 증액했지만, 별다른 성과를 내지 못했다(송성수, 2006). 그것은 무모한 일로 보였고, 1878년에 이르러 영국과학진흥협회가 해석 기관 제작을 중단하라고 권고할 정도였다.

인간 노동에 기계의 원리를 적용하기

이 과정에서 배비지는 역학적 표기법을 고안했다. 이것은 기계의 동작을 기술하는 숫자와 선, 기호로 구성된 표기 체계로서, 음악 표기법과 유사한 형식이다. 악보를 읽을 줄 아는 바이올린 연주자는 샵, 플랫, 팔분음표라는 기호를 손가락 위치와 활의 움직임으로 번역할 수 있다. 마찬가지로 배비지의 표기법을 이해하는 기술자는 그 기호들을 보고 기계의 작동 방식을 이해할 수 있을 것이다(Collier & Maclachlan, 1998/2006). 배비지는 그런 기계 기호학의 이점을 강조했는데, '우리의 모든 감각 중에서 시각이 가장 빠르게 우리 마음속으로 지능을 실어 나르기 때문'이다.

이어서 배비지는 기계의 표기법을 생산 경제에 적용하고자 했다. 1820년과 1830년대 런던은 파열된 세계였다. 자본가 집단은 노동자 집단을 통제하지 못하고 있었다. 그들은 공장을 통제하기 위해 숙련 노동자를 제압해야 했다. 그래서 그들은 새로운 공장 시스템을 원했다. 당시 배비지의 생각은 『기계제와 제조 공장의 경제에 대하여(On the economy of machinery and manufactures)』(1832)라는 그의 저서 안에 담겨 있다.

그는 기계적 차원의 '배비지 원리(Babbage principle)'를 공장의 규율로 번역할 수 있다고 상상했다. 배비지의 원리가 적용된 기계적 생산은 엄격한 규율을 전제한다. 이것은 일종의 '파놉티콘의 표기법(panoptic notation)'이며, '감시의 경제'를 수립하는 것이다. 당시 저널리스트들도 배비지의 견해를 지지하며 인간 신체와 공장 시스템의 작동을 기호적 방식으로 재현할 수 있고 관리할 수도 있다는 생각을 유포했다.

이 새로운 관리법을 통해서 배비지는 관리분석가라는

새로운 계층을 형성하고, 나아가 그들을 최고 경제 관리자와 사회 복지의 입법자로 만들고자 했다. 배비지는 그 관리분석가들이 삶의 지위와 정치권력을 가져야 한다고 생각했다. 그리고 그 자신도 그런 관리분석가가 되길 희망했다. 배비지의 구상은 인간 노동을 불신하던 자본가 집단에 의해 적극적으로 수용되었다(Clark et al., 1999).

노동자의 지능을 기계로 이전하기

우선 배비지는 여러 정보원을 통해서 지능의 과정을 조사하고 감시했다(Schaffer, 1994). 그는 노동 과정을 완벽하게 가시적인 형태로 표현할 수 있다면 언제 어느 곳에서든 정확하게 재구성할 수 있다고 확신했다. 그들은 인간의 행위를 관찰한 다음 그 행동을 세분화해, 원할 때 다시 통합할 수 있는 구조를 상상했다. 그리고 잘게 조각난 노동 행위 단위를 개별적으로 각각의 기계로 이전함으로써 노동을 대체할 수 있고, 또 원한다면 재조합할 수 있다고 기대했다.

일견 논리적인 상상이었고 잠재성이 있었다. 이 계획이 성공한다면 노동자는 공장의 규율을 노예처럼 따르기만 하면 될 것이었다. 그리고 최종적으로 노동의 모든 결과는 관리자에게 귀속될 것이다. 그래서 무엇보다 '숙련된 노동자가 할 수 있는 실행의 형태'를 알아내야 했다. 그러나 배비지는 노동 과정을 온전히 이해하는 데 실패했다. 그는 노동자들이 '노동 과정의 원리'를 충분히 표현할 수 없거나 너무 비밀로 한다고 생각했다. 그는 노동의 본질에 대해 알지 못했다.

모든 노동은 고유한 숙련 지식을 형성한다. 숙련 지식은 특정한 환경 내에서만 암묵적으로 의사소통될 수 있을 뿐이다. 다시 말해서 노동 지식은 (글이나 말을 통해) 외부로 전달될 수 없는 특질을 가진다. 당시 노동-계급은 자신의 숙련 지식에 대한 자부심이 있었고, 그것이 노동자의 본질적인 특성으로 인식되기를 바랐다.

노동 지식을 외부인의 감시만으로 충분히 포착할 수 없었기 때문에, 노동을 기계로 번역하려는 배비지의 시도는 원천적으로 불가능한 것이었다. 그의 기획은 실패할 수밖에 없었다. 그런데도 배비지의 시도는 자본가들의 관심을 끌었고 점차 그의 접근법을 지지하기 시작했다.

노동자를 기계로 만들기

배비지가 제조 작업장을 조사하면서 수집한 정보는 종종 임금률과 숙련 패턴에 관한 중요한 교훈을 제공했다. 제조 공장은 새로운 한계를 시험하고 다양한 기술적 연결이 발생하는 장소였다. 그 과정에서 기술적 관습은 전복되거나 표준화되면서 정확한 생산을 도왔다.

그들은 그렇게 채택된 자동 기계와 공장 규율을 통해 노동자를 기계화했다. 동일한 작동의 지속적이고 변화 없는 반복을 강제하면서 노동자는 고유한 노동 리듬을 잃어버렸다(Malm, 2016/2023; Silver, 2003/2005). 그 결과 노동은 단순히 신체적인 작용으로 제한되었다. 공장에서 노동자는 '생각하지 않는 존재'로 격하되었다. 그러자 노동은 지능과 무관한 것으로 전환되었다.

배비지 방식의 공장 관리 기술은 새로운 사회 질서와 새로운 지식 형식을 만들었다. 그의 시스템적 응시는 시각적으로 관찰된 것으로만 평가하는 합리적 질서를 생산했다. 그것은 제러미 벤담의 기획이 그려 냈던 파놉티콘의 방법과 동조하는 것이었다. 파놉티콘 체계는 '순종하는 신체'를 생산하려는 '자동화된 의지'다. 배비지의 생산적 응시 아래서, 신체의 힘은 기계적인 형식으로 관찰되었고, 나머지 맥락적 사실은 폐기되거나 망각되었다.

공장의 자동화 신화

배비지의 비전은 19세기를 넘어 20세기 공장 메커니즘으로 자리 잡는다. 테일러-포드 시스템은 노동자의 행동을 잘게 조각내고 각 단위의 행동을 표준화했다. 그렇게 되면 그 행동을 누가 하는지는 중요하지 않고, 그 행동 자체가 중요해진다. 그 행동을 할 수 있다면 그가 누구이든지 관계없이 그 자리에 배치될 수 있다. 그리고 또 언제든지 '교체'될 수도 있다. 더 나아가 그 행동을 할 수 있다면 '그'는 반드시 인간일 필요도 없다(데이비드 노블, 1995; Schaffer, 1994).

공장의 자동화는 단지 시각적이고 기계적인 형식으로 포섭할 수 있는 노동 부분만을 기계로 전환한 결과에 불과했다. 가시적인 관찰이 가능한 부분은 전환할 수 있었지만, 노동자의 암묵적 숙련과 맥락적인 요소는 누락되었다. 따라서 기계는 노동자를 대체할 만큼 훌륭할 수 없었다. 그런데도 그런 차이가 존재하지 않는 것처럼 윤색되었다. 대신 기계가 인간을 대체하는 것처럼 보이게 만들려는 기획이 진행되었다.

공장 자동화 전략가들은 인간 노동이 드러나지 않도록 조치했다. 기계가 어느 정도 자동화되더라도 그 기계의 작업을 위한 준비 작업과 마무리 작업은 인간 노동자에 의존해야 했다. 또한, 기계 작업 과정에서도 누락이나 오류가 자주 발생했다. 그때마다 노동자가 이를 보충해야 했다. 그런데도 이런 상황은 의도적으로 은폐되었고 마치 기계가 '완전히' 노동을 대체하는 것으로 꾸며졌다.

20세기 초 테일러-화이트 공법은 빠른 속도로 정교한 부품을 제작했다. 기계가 마치 노동을 '그대로' 대체하는 것처럼 간주하지만 사실은 그렇지 않았다. 그 기계는 인간 노동자에 의한 장시간의 준비 작업 없이는 공정을 시작할 수 없다. 그러나 관리자들은 노동자의 준비 과정 자체를 일부러 무시했고 마치 기계가 완전히 인간 노동을 대체하는 것처럼 선전했다.

기술 사회학자 데이비드 노블(1995)은 20세기 중반 공작 기계 자동화 과정에서도 같은 일이 일어났다고 말한다. 당시 공작 기계는 기록 재생(record-playback) 방식과 수치 제어(numerical control) 방식이 공존하고 있었다. 기록 재생 시스템의 원천이 기계공의 직접 실천에서 온다면, 수치 제어 시스템은 그것을 우회하는 것이다. 경영진은 수치 제어 시스템이 자신의 통제력을 강화할 잠재력이 있다는 것을 직관적으로 발견했다. 수치 제어 시스템은 의사 결정의 장소를 작업 현장에서 경영진이 있는 사무실로 이전할 수 있게 했다.

마지막으로 공장의 자동화는 이데올로기적으로 완수되었다. 바로 '기계가 노동을 대체한다'는 신화를 구성하고 유포하는 것이다. 노동자의 행동에 영향을 미치려는 강한 의도에서 출발했다는 점에서 그 주장은 이데올로기적이다(Anthony, 1977). 이후 자동화 신화는 곳곳에 뿌리를 내렸다. 이 믿음은 인간의 신체를 대리하는 자동 장치들을 정당화했다. 노동은 이제 기계가 대체할 수 있는 존재이므로 기계와 경쟁해야 했다. 기계가 있다면 노동자는 자신의 권리를 주장할 수 없는 상황으로 유도되었다. 그러자 기계의 규칙이 노동의 규칙을 압도하게 되었다. 노동자들은 생산 현장에서 통제력을 상실했고, 그러자 노동자들은 '유순해졌다'. 이것이 바로 마르크스가 자본론에서 지적한 '실질적 종속'이다(Malm, 2016/2023; Marx, 1867/2015).

자동화의 역사는 사실상 생산 현장의 통제권을 놓고 벌어진 전투였다. 자동화 신화 덕분에 노동에서 산출된 잉여 가치(surplus value)를 기계의 생산성이 산출한 가치로 윤색할 수 있었다. 자본가들은 이윤의 증가를 정당화할 수 있었다.

맹목적으로 기계를 강조하는 태도를 '기계 물신화(machine fetishism)'라고 한다. 이것은 어떤 의문도 허용하지 않는다는 점에서 이데올로기다. 이데올로기는 그 계급이 스스로 고귀한 사명을 확신하고 승리를 기대하며 사회적 투쟁을 수행할 수 있는 하나의 세력이 되도록 묶어 내는 일을 해낸다(Malm, 2016/2023). 기계 물신화 또는 기계 이데올로기는 자본가 계급을 묶어 냈을 뿐만 아니라, 다른 계급의 복종도 얻게 해 주었다.

완성되지 않는 자동화

배비지 방식의 산업적 생산 체계가 파괴한 것은 노동 행위 자체만이 아니었다. 산업적 자동화는 결정적으로 '노동의 리듬'을 파괴했다. 노동의 리듬 대신 기계의 리듬이 그 자리를 채웠다(Marx, 1867/2015). 모든 곳에서 노동과 자연의 리듬은 활기를 잃고 기계적이고 반복적인 박자로 대체되었다(소병철, 2009).

그런데 그 모든 노력에도 불구하고 자본가는 노동자를 완전히 제거할 수 없었다. 자동 기계가 제대로 작동하려면 경험 있는 노동자가 늘 필요했다. 어느 기계공이 말했다.

> "드릴은 돈다. 분쇄기가 작동한다. 기계는 조금씩 미끄러져 나간다. 단단하게 보이는 금속 주물을 자르려고 나사를 조여 놓으면 탄력이 생기고 다시 나사를 풀면 뒤로 튕긴다. 납작한 칼날은 무디어지고 제자리에 정확히 뚫린 구멍들은 다른 곳으로 움직인다. 텅스텐 카바이드 절단기는 임계 구멍

을 1/2000의 정도로 작게 만들면서 미세하게 닳아 없어진다 (도널드 맥킨지, 1995 재인용)."

기계는 미세하게 마모되지만, 그것을 감지할 수 있는 것은 그 기계 옆에서 작업하는 노동자뿐이다. 그들의 암묵적 숙련은 기계적인 기호로 완전히 전환될 수 없었다. 노동자의 개입만이 문제 상황을 수습할 수 있다. 그들이 기계의 미세한 변화를 무시한다면 기계는 얼마 가지 않아서 불능 상태에 빠질 것이다. 기계는 노동을 대체하지 못했다. 다만 그렇게 신화화되었을 뿐이다.

기계 이데올로기, 또는 자동화 이데올로기

기계를 물신화하는 이데올로기는 사회 전체로 확산했다. 자본 계급만이 아니라 배비지와 같은 계몽주의자들이 그 이데올로기를 적극적으로 만들고 지지했기 때문이다. 그들은 인간의 진보를 내걸며 기계와 노동을 경쟁하는 관계로 만들었고, 인간과 기계가 서로 대립하도록 만들었다. 그들은 상황이 성공적일 때는 기계(기술)의 덕이라고 칭송하면서, 문제가 발생할 때는 인간(노동자나 사용자)의 오류에서 그 원인을 찾는다.

오늘날 기계 이데올로기는 누구도 논쟁을 허락하지

않는 '진실의 지위'를 차지하고 있다. AI 시대라 불리는 현재도 정부와 전문가들이 이구동성으로 자동화 신화를 반복하고 있다. 그러나 상식의 관점에서 질문하기 시작하면, 기계 이데올로기의 결함을 쉽게 발견할 수 있다. 다만 우리가 그런 문제에 주의를 돌리지 못하고 있을 뿐이다. 주의를 돌리지 못하게 하는 그 힘이 바로 이데올로기의 능력이다.

참고문헌

김지연(2025). 『인공지능과 인간: 관계적 존재론을 향하여』, 드림미디어.

데이비드 노블(1995). 기계 설계에 있어서 사회적 선택. 『우리에게 기술이란 무엇인가: 기술론 입문』(199-236쪽), 녹두출판.

도널드 맥킨지(1995). 마르크스와 기계, 『우리에게 기술이란 무엇인가: 기술론 입문』(67-108쪽), 녹두출판.

소병철(2002). 기술, 노동, 이데올로기: 지배적 기술-노동 이데올로기의 한 비판. ≪민주주의와 인권≫, 9(1), 209-235쪽.

송성수(2006). 산업화 시대의 르네상스인, 찰스 배비지. ≪기계 저널≫, 46(2), 29-32쪽.

Anthony, P. D.(1977). *The ideology of work*. Routledge.

Clark, W., et al.(1999). *The sciences in enlightened Europe*. University of Chicago Press.

Collier, B., & Maclachlan, J.(1998). *Charles Babbage: And the engines of perfection*. 이상헌 옮김(2006). 『컴퓨터의 아버지 배비지』. 바다출판.

Malm, A.(2016). *Fossil capital: The rise of steam power and the roots of global warming*. 위대현 옮김(2023). 『화석 자본 : 증기력의 발흥과 지구온난화의 기원』. 두번째테제.

Marx, K.(1867). *Das Kapital: Kritik der politischen Ökonomie*. 김수행 옮김(2015). 『자본론 1』. 비봉출판사.

Silver, B. J.(2003). *Forces of labor: Worker's movements and globalization since 1870*. 백승욱 외 옮김(2005). 『노동의 힘: 1870년 이후의 노동자 운동과 세계화』. 그린비.

Schaffer, S.(1994). Babbage's intelligence: Calculating engines and the factory system. *Critical inquiry*, 21(1), pp.203-227.

Schaffer, S.(1999). In W. Clark et al.(Eds.), *The sciences in enlightened Europe*(pp.126-165). University of Chicago Press.

03
마르크스의 기계 분석, 노동의 지위

찰스 배비지가 생산 과정에서 노동을 제거하려고 했다면, 한 세대 후 사회 이론가 카를 마르크스는 '노동'을 사회의 원동력으로 재수립했다. 그는 인간을 호모 라보란스(homo laborans), 즉 '노동하는 존재'로 규정함으로써 노동을 인간의 필수적 활동으로 격상했다(손철성, 2010).

AI와 난임 극복?

마르크스의 노동

카를 마르크스(Karl Marx, 1818~1883)의 노동에 관한 입장은 자본에 대항하는 것이었다. 그가 살았던 시대는 계몽주의자와 자본가 계급에 의해 기계주의 이데올로기가 이미 견고해진 때였다. 그 결과 노동자의 삶과 노동의 의미는 매우 축소되었고 위태로웠다. 그는 균형을 다시 맞추려 시도했다. 그가 자본주의 생산 방식으로부터 노동의 고유성을 지키려고 한 노력 덕분에 사람들의 인식이 재조정될 수 있었다(김지연, 2025).

마르크스(Marx, 1867/2015)의 설명은 곳곳에서 빛을 발한다. 노동은 '자연을 변환하고 조직하는 의식적인 생산 활동(conscious productive activity)'이다. 좀 더 구체적으로 살펴보자. 우선 노동은 "자신의 목적(필요)을 자연물에 실현"한다. 누구나 동의할 만한 출발이다. 여기서 노동은 '자신의 목적'을 가지므로 '의지(의도)의 문제'가 된다. 행위자에게 '의지'가 없다면 노동은 성립하지 않는다.

다음으로, 노동은 '노동자의 머릿속에 이미 존재하고 있던 결과의 실현(자유로운 의식 활동)'이다. 이는 노동이 '지능의 문제'라고 말한 것이다. 노동은 단지 효율성이나 필요성의 성취만을 의미하지 않는다. 단지 효율성만을 따진다면 인간의 노동은 꿀벌의 작업에 비해 너무도 형편없다.

> "우리가 상정하는 노동은 오로지 인간에게서만 볼 수 있는 형태의 노동이다. 거미는 직포공들이 하는 일과 비슷하게 일하며, 꿀벌의 집은 인간 건축가들을 부끄럽게 한다. 그러나 가장 서투른 건축가들 가장 훌륭한 꿀벌과 구별하는 점은, 사람은 집을 짓기 전에 미리 자기의 머릿속에 그것을 짓는다는 것이다. 노동 과정의 끝에 가서는 그 시초에 이미 노동자의 머릿속에 존재하고 있던 결과가 나오는 것이다. 노동자는 자연물의 형태를 변화시킬 뿐 아니라 자기 자신의 목적을 자연물에 실현한다(Marx, 1867/2015)."

이어서 노동은 자신의 목적을 실현하는 과정에서 '자연을 전유'한다. 여기서 전유(appropriation)란 대상을 임의로 독차지하는 실천 전체를 가리킨다. 노동하는 자는 자신의 목적에 부합하도록 자연을 임의로 끌어와 다양한 방식으로 매개하고 조정하고 재설정한다.

마지막으로 인간의 노동은 '잉여 가치'를 생산한다. 잉여 가치란 노동자가 노동 비용(노동자가 생존하는 데 드는 비용, 필요 노동)을 초과해 창출한 새로운 가치를 말

표 3-1. 마르크스의 인간, 꿀벌, 기계 비교

	목적(필요)을 위한 행위	자유로운 의식 행위	자연을 전유하는 활동	잉여 가치 생산
인간	○	○	○	○
꿀벌	○	×	○	×
기계	×	×	×	×

한다. 이 새로운 가치를 생산한 노동분을 잉여 노동이라고 한다. 자본가는 노동자의 필요 노동에 해당하는 가치를 임금으로 지급하는 한편, 노동자가 생산하는 잉여 가치 부분을 차지함으로써 이윤을 얻는다. 결과적으로 자본가의 이윤은 노동자에게 정당한 보상을 제공하지 않는 덕분에 창출된 것이다(Anthony, 1977; Moore, 2015/2020).

인간, 꿀벌, 기계

이 정의에 따르면 꿀벌은 잉여 가치를 생산하지 않는다. 꿀벌은 자기 노동력을 타인에게 양도하지 않는다. 꿀벌은 또한 필요한 분량 이외 추가적인 생산을 하지 않는다. 또는 그럴 '의지'가 없다! 꿀벌은 '대지의 자생적 결실만

으로 먹고살 수 있는' 범위 내에서 생산할 뿐이다.

마르크스의 노동에 대한 견해를 정리하면 〈표 3-1〉과 같다. 인간의 노동은 '자신의 목적(필요)에 따라서' 그리고 '자유로운 의식'에 의해서 '자연을 전유하는 활동'을 하며 그 결과 자신의 생존에 필요한 분량 이외에 추가로 '잉여 가치를 생산'한다.

앞의 세 가지 특징은 모든 노동에 해당하는 내용이지만, 네 번째 특징 – 잉여 가치 생산 – 은 자본주의하의 노동에만 해당한다. 자본주의 생산 방식은 단지 잉여 가치를 얻기 위해 노동자를 고용한다.

자본의 관점에서 나머지 세 가지 특징은 오히려 거추장스러운 것이 된다. 자본주의 이데올로기는 기계가 인간 대신 잉여 가치를 생산한다고 주장한다. 그것이 사실이라면 기계는 (자본가의 관점에서) 가장 이상적인 존재다. (자본가에게 저항할 수 있는) 자유 의지를 발휘하지도 않으면서 (자본가에게 필요한) 가치를 생산하는 것이 되기 때문이다.

마르크스는 노동에 대한 왜소한 인식을 지적한다. 현재의 노동 생산성은 수십억 년 쌓여 온 자연의 산물이면서 동시에 수천 세기 동안 만들어진 역사의 선물이다. 인간의 노동을 이해하기 위해서 시각적인 단면에 제한되지 않아야 한다.

노동과 기계의 관계 전환

마르크스는 인간의 노동과 기계의 작동을 구분하는 기준 논거를 제시한다. 그의 관점은 노동에 대한 새로운 해석적 시야를 제공했다. 이를 위해 우선 '도구'와 '기계'의 차이를 통찰한다. "기계는 이전에는 노동자가 비슷한 도구로 수행하던 기능을 그 자신의 도구를 가지고 수행하는 메커니즘이다." 다시 말해서, 기계가 노동자처럼 도구를 사용한다는 것이다. 기계는 크게 세 가지 부분–동력기, 전송 장치, 작업기–으로 구성되어 있는데, 그중 작업기가 바로 '자신의 도구'를 사용하는 부분이다. 종합하면 기계는 '도구를 사용하는 존재'다.

여기서 마르크스는 '노동자가 비슷한 도구로'라고 엄밀하게 표현한다. 기계가 사용하는 도구는 인간 노동자가 사용하는 도구와 똑같지는 않다. 예를 들어 베틀의 북(씨실을 감아 놓은 실패)은 인간의 손에 쥐어질 때와 역직기에서 작동할 때 다소 모양이 달라진다. 전통적인 베틀 북이 인간 손에 딱 맞도록 만들어지는 것처럼 역직기의 '팔'에 맞도록 북의 모양이 변해야 하기 때문이다. 도구의 모양은 그 사용자의 조건을 반영해야 한다. 그 반대의 영향도 발생한다. 인간의 손은 북을 사용할수록 그 도구에 대한 감각을 체화한다. 역직기의 '팔' 모양은 북을 제어할 수 있어야 한다. 이처럼 생산 과정의 모든 존재는 관계적으로 구성된다.

애초 숙련공들은 자신의 노동을 도울 도구와 기계의 발명자였다. 그들에게 기계는 소중한 협력자다. 그들은 기계를 사랑했고 발전시켰다. 그들은 자기 작품과 사랑에 빠진 피그말리온의 원형이다. 피그말리온은 자신의 작품이 '살아 있는 존재'가 되길 원했다. 아마도 다른 개입이 없었다면 노동자와 기계는 협력적 관계를 발전시켰을 것이다.

그런데 19세기 산업화는 노동자와 기계의 관계를 전복했다(2장). 산업화 이전 수공업 공장에서는 노동자가 도구를 사용하지만, 이제는 기계가 노동자를 '사용'한다(Marx, 1867/2015). 전자에서는 노동 수단(기계)의 운동이 노동자에게서 나오지만, 후자에서는 노동자가 노동 수단(기계)의 운동을 뒤따라가야 한다. 생산에 관한 지식도 노동에서 분리되어 거의 모든 곳에서 노동에 대립하게 되었다(도널드 맥킨지, 1995).

"(기계 덕분에) 노동이 가벼워지는 것조차 고통의 원천이 되는데, 왜냐하면 기계가 노동자를 노동에서 해방하는 것이 아니라, 그의 노동으로부터 일체의 내용을 빼앗아 버리기 때문이다. (…) 이 **거꾸로 된 관계는 기계의 출현**과 함께 비로소 기술적인 분명한 현실성을 얻게 된다. 자동 장치로 전환됨으로써 노동 수단은 노동 과정의 진행 중에 자본[즉 살아 있는 노동력을 지배하며 흡수하는 죽은 노동]으로서 노동자와 대립한다. **생산 과정의 지적 요소들을 육체적 노동으로부터 분리하고 전자를 노동에 대한 자본의 지배력으로 전환하는 것**은 기계의 토대 위에 세워진 대공업에 의해 비로소 완성된다(Marx, 1867/2015. 강조는 저자)."

자본주의 산업가들이 노동자를 통제하기 위해서 대량 생산 기계를 도입했고 기계를 중심으로 생산 체제를 재배치했다. 그리고 노동자로부터 '실질적인 종속(real subordination)'을 끌어낼 수 있었다(Malm, 2016/2023; Marx, 1867/2015). "도구와 그것을 다루는 숙련이 기계로 넘어가"게 만드는 이데올로기 작업의 결과였다. 생산 과정에서 발생하는 오류는 현장 노동자가 가장 먼저 발견하지만, 그들에 의한 교정 작업은 허락되지 않는다. 모든 계획은 중앙 집중적 방식으로 수립되며, 작업 지시서 형태로 제공되었다. 생산 오류는 다음 작업 지시서에 반영할 수 있을 뿐이다. 노동자는 그저 작업 지시서에 순종해야 했다.

생산 과정에 대한 지적 능력(오류 수정)이 자본가에게 흘러가면서 자본가의 힘이 강화되었다. 극단적으로 분업과 중앙 집중 통제로 인해 노동자는 생산 과정 전체를 이해할 수 없게 되었고 완제품을 만들 수도 없게 되었다. 그러자 이전 수공업 노동자들이 소유했던 생산에 대한 지적 통제력을 상실했다. 자본의 통제권을 위해서 노동자를 노동 과정(그리고 기계)으로부터 분리한 결과였다(박승희, 1990; Silver, 2003/2005).

이는 노동자에게 생각하는 능력을 배제하는 문화를 낳았다. 기계는 생산 오류를 반영하면 점점 더 진화하지만, 노동자는 머리를 사용할 필요 없는 존재로 추락했다. 이런 관계의 역전 때문에 노동자는 단순한 존재로 보였고 기계는 결정적 존재로 부상할 수 있었다. 노동자는 언제든지 다른 노동자로 대체해도 되지만, 기계는 필수적인 지위로 격상되었다.

기계는 인간처럼 '노동'하지 않는다

마르크스는 기계의 작업을 '노동'이라고 인정하지 않는다. 그의 정의에 따르면 기계는 자신의 목적도 없고 자유로운 의식도 없으며 자연을 스스로 전유하지도 않는다. 기계는 생물학적 존재가 아니므로 원천적으로 '자신의 필요'라는 것이 존재하지 않는다. 기계를 유지하는 비용이 필요하지만, 그것은 기계가 스스로 원하는 '생존 비용'이 아니라 자본가의 의지에 따른 지출 비용일 뿐이다.

또한, 기계는 자유로운 의식이 없다. 풍자 소설 『에레혼(Erewhon)』(1872)의 저자 새뮤얼 버틀러가 주장하듯이, 기계가 언젠가 '의식'을 가질 가능성이 없지 않다. 그러나 현재 개별 기계가 의식을 가진다는 근거는 없으므로 기계는 스스로 의지에 따라 자연을 전유할 수 없다.

그리고 기계는 잉여 가치를 생산하지도 않는다. 기계에는 생존에 필요한 필요 노동이라는 것이 없으므로 잉여 노동도 존재하지 않는다. 기계는 단순히 자신 내에 적재된 인간 노동분을 생산물 속으로 이전할 수 있을 뿐이다(Marx, 1867/2015).

기계는 노동하지 않으므로 노동을 대체할 수도 없다. 마르크스의 주장은 옳다. 기계는 인간과 다르며, 따라서 인간처럼 노동하지 않는다. 인간의 활동 방식이 있듯이 기계의 고유한 작동 방식이 있다. 그러므로 기계는 인간을 대체하지 못한다. 기계가 인간의 노고를 감축시켜 주지만, 인간 노동을 제거한 적은 없다. 다만 이데올로기적으로 노동이 은밀하게 숨겨졌을 뿐이다.

비인간의 노동

한편 마르크스의 인간 중심 노동 개념에 대한 비판도 있다. 앤서니(Anthony, 2001)는 마르크스주의를 '노동 이데올로기'라고 부르며, 기계주의 이데올로기와 마찬가지로 '성실한 노동' 개념을 공유한다고 지적한다. 예를 들어 공산주의 국가는 노동 이데올로기에 기반해 노동자들 사이에서 '열정 부족의 증거'를 '배신'으로 간주하며 노동과 정치의 연관성을 강화했다.

더불어 인간이 아닌 존재(비인간)의 노동에 대한 논의도 많아지고 있다. 그중 하나로 동물의 노동도 인정해야 한다는 견해가 있다. 우리는 꿀벌(동물)의 지능을 부정할 자격이 없다. 꿀벌은 환경과의 관계에서 집단 지능으로 활동한다. 꿀벌은 인간처럼 노동을 화폐로 거래하지 않을 뿐이다. 시각 장애인을 돕는 안내견은 강도 높은 훈련을 받은 후 중요한 임무를 수행한다. 안내견의 수고가 '노동'에서 배제되어야 할 이유가 있을까? 안내견은 목적을 위해 자유로운 의식을 발휘한다. 안내견은 시각 장애인의 안전을 위해서 그의 명령을 거부할 권리와 의무도 있다(김지연, 2025).

게다가 언젠가 기계가 자신의 존립을 추구할 가능성이 없지 않다. 이미 다수의 기계 시스템은 자신의 존립을 위한 노력을 하고 있다. 예를 들어 '국가'는 인공적인 존재라는 점에서 일종의 기계 시스템이다. 거의 모든 국가기관은 스스로 존립하기 위해 노력한다. 기업과 같은 조직도 마찬가지다. 그런 점에서 이들 기계적 존재는 이미 '지능'을 가지고 있다. 인간의 지능과 달라서 인지하기 어려울 뿐이다.

마르크스의 지혜에서 출발하여

비인간 존재의 노동을 인간의 노동과 동등하게 인정하면서 인간 노동의 고유한 특성을 존중할 수 있는 인식론적 형식이 필요해지고 있다. 이것은 인간의 노동(지능)을 기계가 대체한다는 기계 이데올로기를 폐기한다는 조건에서만 성립한다. 인간의 지능과 노동이 고유하듯이, 미래에 수립될지도 모르는 기계의 지능과 기계 노동도 (인간 노동과 다른) 고유함을 구성할 것이다. 인간과 기계는 서로 다르기 때문이다. 그들은 서로 고유하므로 대체될 수 없다. 그 덕분에 협력할 가능성이 있다.

인간 노동과 기계를 대립적 관계로 만들었던 패러다임은 일시적으로 성공할 수 있지만, 자연스러운 일이 아니므로 장기적으로 사회적 손실을 불러온다. 기계 이데올로기는 생산 과정에서 노동과 자연의 리듬을 파괴했다. 자본주의가 제공하는 인간과 기계의 관계는 너무 파괴적이어서 지속적일 수 없다. 우리는 그것을 감당할 수 없다.

마르크스는 노동자의 삶을 지키기 위해서 배비지와 마찬가지로 정반대의 이데올로기적 선언을 했지만, 그의 지혜를 계승할 필요가 있다. 크리스티안 푹스(Fuchs, 2019, p.54)를 비롯한 여러 사회학자는 디지털화된 사회에서도 마르크스의 분석이 사회를 이해하고, 비판하며, 변화시키는 데서 여전히 중요하다고 강조한다.

노동, 관계적이며 집합적인 활동

마르크스 분석의 중심에는 '관계적 존재론(relational ontology)'이 있다. 인간과 자연이 우발적으로 맺는 난잡한 관계들을 통해서 새로운 존재가 창발한다(Moore, 2015/2020). 그 과정에서 노동과정의 협동적 성격이 점진적으로 강화되면서, '집단적 노동자(collective worker)'라는 유기적 존재도 등장할 수 있었다(Marx, 1867/2015, 462쪽).

그런데 그동안 자본주의는 단지 상대적 잉여 가치를

증가시키는 방향으로 집단 노동을 설계했다. 무엇보다 자본주의 생산의 결정적인 결함은 노동자의 자유로운 의식을 허락하지 않는다는 것이다. 작업장의 규율은 노동자에게 '머리'를 쓰지 말라고 강요한다. 이것은 다른 존재와 협력하지 말라는 명령과 같다. 생산의 효율성이나 경제적 복지만큼 중요하게 노동하는 자의 자유로운 재능을 충분히 허용하지 않는다면 그 일은 지속 가능하지 않을 것이다. 노동은 고유한 리듬을 요구한다.

참고문헌

김지연(2025). 『인공지능과 인간: 관계적 존재론을 향하여』, 드림미디어.

도널드 맥킨지(1995). 마르크스와 기계, 『우리에게 기술이란 무엇인가: 기술론 입문』(67–108쪽), 녹두출판.

박승희(1990). 공장자동화에 따른 노동과정의 변화: 한국의 경우. ≪경제와사회≫, 8, 123–151쪽.

손철성(2010). 노동의 종말과 호모라보란스의 위기. ≪시대와 철학≫, 21(2), 233–266쪽.

Anthony, P. D.(1977). *The ideology of work*. Routledge.

Foucault, M.(1966). *Les mots et les choses*. 이광래 옮김(2012). 『말과 사물』. 민음사.

Fuchs, C.(2019). Karl Marx in the age of big data capitalism. In D. Chandler & C. Fuchs(Eds.), *Digital objects, digital subjects: Interdisciplinary perspectives on capitalism, labour and politics in the age of big data*(pp.53–71). University of

Westminster Press.

Malm, A.(2016). *Fossil capital: The rise of steam power and the roots of global warming.* 위대현 옮김(2023). 『화석 자본 : 증기력의 발흥과 지구온난화의 기원』. 두번째테제.

Marx, K.(1867). *Das Kapital: Kritik der politischen Ökonomie.* 김수행 옮김(2015). 『자본론 1』. 비봉출판사.

Moore, J. W.(2015). *Capitalism in the web of life: Ecology and the accumulation of capital.* 김효진 옮김(2020). 『생명의 그물 속 자본주의: 자본의 축적과 세계생태론』. 갈무리.

Silver, B. J.(2003). *Forces of labor: Worker's movements and globalization since 1870.* 백승욱 외 옮김(2005). 『노동의 힘: 1870년 이후의 노동자 운동과 세계화』. 그린비.

Thomson, E. P.(1963). *Making of the English working class.* 나종일 외 옮김(2000). 『영국 노동계급의 형성』. 창작과비평.

04
산업 시대 노동 프레임을 넘어서

앞의 두 장에 걸쳐서 계몽주의자와 혁명가의 견해를 간략히 살펴보았다. 19세기를 지나면서 기계를 우상화하거나 반대로 노동을 신성화하는 근대의 이원적 세계관이 등장했다. 자본주의는 기계를 앞세워 '승리'할 수 있었다. 그러나 기계 이데올로기는 우리 사회를 감당할 수 없는 상황으로 몰아넣고 있다. AI 시대에도 이런 대립적 관점이 지속되어야 할까?

AI와 사주?

디지털 시대, 산업화 전략 계승하나?

2024년 노벨 경제학상 수상자 대런 아세모글루와 사이먼 존슨(Acemoglu & Johnson, 2023/2023)은 마르크스의 관점에 부분적으로 동의하고 있다. 산업 시대 자동화는 자본의 이익에 집중해 노동자를 기계로 대체하는 데 몰두했다. 19세기 정부 정책과 규제도 이를 강화했다. 노동자 규제법(1351~1863), 장인 규제법(1562~?), 주종법(master and servant act, 1823~1875), 구빈법(1832~?)은 기술의 편향을 심화했고 대중을 궁핍으로 이끌었다(Malm, 2016/2023).

우리가 '기계의 일'이라고 부르는 현상은 사실 인간과 비인간의 노동이 서로 뒤얽힐 때 비로소 온전한 모습으로 우리 앞에 출현할 수 있다. 그런데 자본의 지배력이 우세해지면서 기계의 작동만을 부각했고, 이런 현상은 최근까지 이어지고 있다.

"AI와 인간 노동의 관계와 관련해 한 가지 흥미로운 점은 AI가 인간을 대신하거나 도와주는 행위는 아주 낮은 가능성이 출현하더라도 미디어들이 앞다투어 보도하는 반면, 인간 노동자들이 AI를 도와주는 현실은 거의 재현되지 않는다는 점이다. AI의 화려한 능력 속 인간 노동의 흔적을 이렇게 은폐하는 것은 AI의 노동이 '순수하게' 기계적인 것처럼 보이도록 만든다(하대청, 2018)."

이처럼 인간 노동을 은폐하는 현상은 디지털 기술 체제가 산업 시대 프레임을 계승하고 있음을 보여 준다. 새로운 기술 환경이라고 자랑하지만, 기계 환상을 확산하며 과거의 우울한 이데올로기를 답습하는 것이다. 기계 이데올로기(또는 자동화 이데올로기)는 자본의 일방적인 이득을 추구할 뿐, 공공의 이익이나 지속 가능성과는 거리가 멀다는 점에서 긴급하게 재고되어야 한다.

'인간 없는 기계' 환상?

기계가 노동을 대체한다는 자동화 신화가 사실이라면, 그리고 그 주장에 진정성이 있다면, 기계로 대체되지 못하는 노동에 대한 재평가가 이루어졌어야 한다. 흔히 '단순 노동'이라고 지목당하는 청소와 가정 요리 등을 여전히 기계가 대체하지 못하고 있다. 청소 노동은 단순 노동으로 분류되는 저임금 영역이다. 그런데 화장실 청소는 기계가 하기에 너무 난해한 일이다. 그렇다면 이들 노동자는 고도의 노동을 하고 있음이 증명된 셈이다. 기계 이데올로기 주장자의 말이 사실이라면, 청소 노동자는 고

임금자가 되어야 한다. 그러나 어떤 자본주의 경영자나 전문가도 그런 문제를 제기한 적이 없다. 자신의 기계 이데올로기를 그들 자신도 진심으로 믿지 않기 때문이다.

가까운 미래에도 청소와 요리를 기계가 대체하지는 못할 것이다. 이 일은 현실의 환경과 실시간으로 상호 작용해야 하는 일이다. 모든 화장실은 다르게 생겼고 사용자의 습관에 따라 매일 다른 모습으로 더러워진다. 요리 역시 매 순간 수많은 다른 변수가 튀어나온다. 감자의 크기는 매번 다르고 모양도 신선도도 다르다. 사람들은 감자를 고르고 깎고 세척할 때 고도의 지능을 발휘한다. 너무도 일상적인 일이기에 우리가 놓치고 있었던 것이다.

디지털 환경에서도 같은 일이 일어난다. 2013년 네이버 검색 서비스에서 '이순신' 검색 결과에 대한 논란이 있었다. 드라마 〈최고다 이순신〉의 영향으로 '이순신'이라는 키워드 검색 질의가 상승했다. 따라서 검색 엔진은 '이순신' 키워드에 대해 사용자가 드라마에 관한 정보를 원한다고 판단했다. '이순신' 질의어에 대해서 '이순신 장군'보다는 해당 드라마에 대한 정보를 더 높은 순위로 노출했다. 이것은 검색 엔진의 입장에서 매우 정당한 것이었다.

그런데 사람들은 분노했다. 이순신 장군은 한국인이

가장 존경하는 인물이기 때문이다. 검색 회사는 검색 순위를 즉각 조정했다. 네이버 서비스는 알고리즘과 인간 작업을 동시에 수행하기 때문에 빠르게 대처할 수 있었다. 이처럼 검색 엔진은 단지 '순수한 알고리즘'에 의존할 수 없다. 검색의 순위는 사회적 해석의 문제다.

한편, 구글은 순수한 알고리즘주의가 강해서 유연성이 낮았다. 개인 정보 삭제 요청을 거부하다가 2009년 유럽 사법재판소의 판결이 난 이후에야 삭제를 진행했다. 이후 사용자의 개인 정보 삭제 요청을 받으면 사안별로 판단해 삭제하고 있다. 삭제 요청의 내용과 조건이 매우 다양해서 삭제 판단을 하는 일이 쉽지 않다. 구글의 훌륭한 알고리즘도 그런 일을 할 수 없었다. 다수의 인간 작업자를 배치해야 했다(Jones, 2021/2022).

그저 그런 생산성

아세모글루와 존슨(2023/2023)은 현대의 자동화가 '그저 그런 생산성'에 불과하다고 지적한다. 그저 그런 생산성이란 생산성 이득이 조금밖에 없는 자동화를 말한다. 자동화 열광자들은 자본의 이익에 집중해 노동자를 대체하는 데 몰두하지만 그로 인한 효과는 미미하다. 미미한 효과를 위해서 노동자를 자동화 형식으로 가두는 것이다. 이런 현상은 인류와 사회의 건강성을 무너뜨린다. 인간이 수행하는 일 중 진정으로 반복적인 것은 일부뿐이다. 자동화에만 의존하고 인간 노동을 폐기하는 전략은 어리석은 선택이다.

디지털 산업 시대를 상징하는 새로운 노동 형태가 등장했다. 바로 '플랫폼 노동'이라고 불리는 것이다. 그들의 노동은 더욱 위태로워지고 있다. 하나 베르부츠의 소설 『우리가 본 것: 나는 유해 게시물 삭제자입니다』 (Bervoets, 2021/2024)에서 20대 여성 노동자 케일리는 거대 인터넷 기업의 하청 업체에서 콘텐츠 평가 작업자로 일한다. 그는 단지 이전에 일하던 콜센터보다 시급이 좀 더 높아서 그 일을 시작한다. 주로 하는 일은 아동 학대, 포르노나 살인 등의 영상을 보면서 해당 내용을 평가하고 문제 내용이라고 판단되면 제거하는 일을 한다. 그는 어느 날 자신이 변하고 있다는 것을 느낀다.

> "내게 이상한 일이 벌어졌어요. 갑자기 불안해지기 시작하면서 목이 뻐근하더니, 벌떡 일어서고 싶은 충동이 든 거예요. 특별히 기분 나쁜 영상이라서가 아니었어요. 그보다는 갑자기 너무 지루하다는 생각이 들었기 때문이었어요."

케일리는 자극적인 영상에 익숙해져서 무감각해지고 있었다. 이 소설은 지극히 현실적이다. 페이스북과 구글과 같은 실리콘밸리의 거대 기술 기업을 위해 다수 노동자가 데이터 모니터링이나 데이터 라벨링 작업을 하고 있다. 주로 저소득층이나 영어를 구사할 수 있는 필리핀이나 인도와 같은 저개발 국가 출신의 계약직 노동자들이다. 한국에서도 이런 직업군이 이미 일상화하고 있다. 이들은 수면 장애, 환청, 불안과 외상 후 스트레스 장애(post-traumatic stress disorder) 등에 시달린다(하대청, 2018).

플랫폼 노동은 흔히 단순 노동으로 간주되어 최저 임금을 받는다. 그러나 그들이 없다면 이 시스템은 제대로 기능할 수 없다. 그들이 없다면 이 시스템은 사회적으로 지탄받게 될 것이고 결국 존립할 수 없다. 그들은 이 시스템에서 가장 중요한 일을 하는 것이다. 그들은 거의 아무도 관심을 두지 않는 곳에 배치되어 있고, 그들의 일이 얼마나 중요한지 평가된 적이 없다. 산업 시대 노동자의 일이 그러했듯이, 플랫폼 노동자의 작업도 은폐되며 그로 인한 위험으로부터 정당한 보호 조치가 생략된 채 그 부담을 묵묵히 개인이 감당하고 있다. 그들의 불안한 삶은 기계 환상을 유지하려는 자본주의 이데올로기의 모습을 대변한다.

대립 모델을 고수할 것인가?

인간과 기계의 경쟁과 대립을 당연시하며 부추기는 기계 이데올로기를 계속 고수할 것인가? 인간과 기계의 대립은 진실이 아니다. 그러므로 대립 관계를 계승할 이유도 없다. 인간 노동과 기계 어느 쪽도 부정할 필요가 없고 그래서도 안 될 것이다.

기계화의 가장 큰 역설이 있다. 기계화는 언제나 새로운 인간 노동을 요구한다는 점이다(Malm, 2016/2023). 누군가는 그 기계를 만들어야 하고, 이를 작동시키기 위한 연료를 캐내야만 하고, 기계가 토해 낸 상품을 운송해야 하는 등 기계를 작동하기 위한 과정이 늘어나기 때문이다.

기계는 직접 학습할 수 없다. 노동은 자연과 직접 대면하고 작용함으로써 학습하고, 자연과 자신을 재배열함으로써 새로운 효과를 만들어 낸다. 반면에 기계는 직접 자연(환경)과의 물리적 학습을 수행하기 어렵다. 언젠가 기계가 직접 자연과 상호 작용하더라도 그 효과는 인간과 다른 것을 만들어 낼 것이다. 대신 인간이 생산한 효과와 기계가 생산한 효과는 상보적으로 융합하며 다른 결과를 만들 것이다. 나무꾼이 도끼를 사용할 때와 톱을 사용할 때 효과가 달라지는 것과 같다.

특히 디지털 기계와 AI는 자연과의 직접적 관계에서 취약하다. 디지털 기계는 인간이 생산한 데이터 범위 내에서 역량을 발휘할 뿐이다. 그 범위 안에서는 기계가 인간보다 뛰어날 수 있다. 현실은 매 순간 변하므로 1차 데이터가 계속 유입되지 않는다면 이 기계의 위력은 바로 부식할 것이다. 또한, 1차 데이터가 생산되는 과정에서 지체되는 시간만큼 현실을 반영할 수 없다. 거의 실시간의 속도를 구현하더라도 이 문제는 여전히 남는다. 게다가 인간의 1차 데이터가 원천적으로 불균형하므로, 이 기계는 근본적으로 불완전하게 세계를 대변할 수밖에 없다.

전반적인 조건을 고려할 때 기계는 원천적으로 인간 노동에 의존한다. 인간 노동이 열정적일수록 더 좋은 데이터를 얻을 수 있다. 인간 노동을 단지 규칙이나 교육만으로 동원할 수 없다. 자본주의는 경제적 보상만으로 그런 협력을 동원할 수 있다고 가정하지만, 그 한계는 분명하다. 인간 노동과 기계의 대립 모델은 창조적인 협력을 만들 수 없다. 더 많이 일할수록 더 많이 지배받아야 한다면 누가 그 일에 열정을 내겠는가?

노동과 기계의 협력적 모델

산업 시대 기계와 마찬가지로 AI도 인간을 경쟁의 고통으로 몰아넣을 것인가? 마르크스(Marx, 1852/2012)가 말했듯이 이번에도 "모든 죽은 세대의 전통이 악몽과도 같이 살아 있는 세대의 머리를 짓누르는 비극"으로 이끌 것인가?

기존의 기계 이데올로기는 이분적이고 적대적 관계, 그리고 노동에 대한 이해(인식) 부족을 불러왔고, 그에 대한 반발로 기계에 대한 혐오를 낳았다. 노동과 기계 양자 모두를 존재에서부터 붕괴시켰다. 이를 극복하려면 AI 전략과 정책에서 가장 주목해야 할 것은 노동과 기계의 협력적 관계 모델을 탐구하고 구현하는 일이다.

무엇보다 미래 세대, 그리고 학생에게 기계 이데올로기에 기반한 직업 교육을 중단해야 한다. 현재의 기술 교육과 교양 교육은 대체로 기계 이데올로기를 유포하고 있다. 이들 교과서는 기계 시대에 적응하기 위해서 더 많이 교육받고 재교육에도 참여해야 한다고 강요한다. 그리고 기계는 실수하지 않는데 인간이 실수한다고 의식화시킨다(김지연, 2023; Dahlin, 2024). 인간은 실수하지만, 기계도 오작동한다. 그런데도 기계 시스템에 과도하게 의존하면 위험에 대비하는 유연성이 떨어지게 된다.

기계 이데올로기는 노동에 대한 이해를 저해한다. 노동을 이해하기 위해서 '머리'와 '손'의 이분법 논리를 폐기해야 한다. 모든 노동은 정신노동이면서 동시에 육체노동이다. 기계 이데올로기는 머리(이성)를 우월하게 손(신체)은 열등하게 대우했다. 이런 서열주의는 현실을 왜곡한다. 머리와 손이 함께하지 않는다면 어떤 노동도 가능하지 않다.

기계 이데올로그들은 지능에도 서열을 부여하며, 우리를 지능에 대한 무지로 이끈다. 대체로 이런 서열적 개념은 인종주의와 우생학의 흔적이다. 지능에 서열이 있다는 근거는 없다. 지구 역사에서 모든 생명체는 자신의 환경을 이해하는 일에서 매우 뛰어났던 덕분에 자기 서식지를 얻을 수 있었다. 그런데도 인종주의는 존재의 서열을 강조하며 우리의 인식을 벼랑으로 인도한다.

기계 이데올로기를 AI 기술에도 그대로 적용한다면 인간과 기계 양자 모두 더욱 불안정해질 것이다. 과거에 대한 성찰 없이 인간과 기계의 공존을 말하는 것은 실제적 변화를 불러올 수 없다. 산업 시대 노동과 기계 관계를 성찰하는 것에서 출발할 때, 노동과 기계의 협력 모델을 발명할 수 있어야 한다.

이 문제는 여러 사회적 측면을 동시에 재구축해야 하

는 일과 연결된다. 인간의 삶 전체를 조망하고 성찰하며 변신할 수 있도록 AI 기술을 배치하는 일이다. 우리는 노동이 약탈 대상이 되지 않기를 원한다. 대신 개인의 정체성과 삶을 창조하는 새로운 패러다임을 원한다. 이는 노동에 대한 재정의를 요구한다. 인간과 기계는 '집합적 노동자'로 합성할 것이고 생산 과정을 공동 생산할 수 있다.

참고문헌

김지연(2023). 인공지능(AI)의 윤리적 지위: 인간과 비인간 사이에서 어울리기. ≪사회와이론≫, 46, 89-131쪽.

하대청(2018). 루프 속의 프레카리아트: 인공지능 속 인간 노동과 기술정치. ≪경제와사회≫, 118, 277-305쪽.

Acemoglu, D., & Johnson, S.(2023). *Power and progress: Our thousand-year struggle over technology and prosperity.* 김승진 옮김(2023). 『권력과 진보; 기술과 번영을 둘러싼 천년의 쟁투』. 생각의힘.

Bervoets, H.(2021). *We had to remove this post.* 유수아 옮김(2024). 『우리가 본 것: 나는 유해 게시물 삭제자입니다』, 북하우스.

Dahlin, E.(2024). And say the AI responded? Dancing around 'autonomy' in AI/human encounters. *Social studies of science*, 54(1), pp.59 – 77.

Jones, P.(2021). *Work without the worker: Labour in the age of platform capitalism.* 김고명 옮김(2022). 『노동자 없는 노동: 플랫폼 자본주의의 민낯과 미세 노동의 탄생』. 롤러코스터.

Malm, A.(2016). *Fossil capital: The rise of steam power and the roots of global warming*. 위대현 옮김(2023). 『화석 자본 : 증기력의 발흥과 지구온난화의 기원』. 두번째테제.

Marx, K.(1852). *Eighteenth brumaire of Louis Bonaparte*. 최형익 옮김(2012). 『루이 보나파르트의 브뤼메르 18일』. 비르투.

05
노동과 지능

근대 문명은 머리(이성)와 손(신체)을 분리하고, 지능을 노동과 관계없는 것으로 배치했다. 이런 이원론적 세계관은 플라톤까지 거슬러 올라간다. 그는 물질과 정신을 분리하고 정신(영혼)만이 순수한 이데아(본질)를 볼 수 있다고 기대했다. 그래서 그에게 노동은 노예의 활동일 뿐이었다. 근대에 이르러 산업적 지배력을 위해 더욱 극단적인 이원론으로 재탄생했다.

AI와 아이돌?

근대 이원론 비판

이미 이원론 철학은 많은 비판을 받고 있다(김지연, 2024). 사실 노동과 지능은 분리할 수 없는 활동이다. 노동은 보편적인 삶의 활동이다. 마르크스(1867/2015)는 노동에 대해서 "합목적적 활동이자, 인간과 자연의 상호 작용 활동이며, 자아실현의 과정"이라고 정의했다. 그의 노동 개념 안에는 지적 능력(이성)이 포함되어 있다(이재원, 2005). 노동은 지적 능력의 차원에서 작동하며 다시 지능을 재생산한다.

인류의 집단적 관념이 담긴 신화도 노동과 지능의 관련성을 전하고 있다. 창세기 신화에서 노동과 지능은 함께 도래했다. 아담과 이브는 원래 에덴동산에 살고 있었다. 어느 날 그들은 신이 금지한 과일을 먹고 분별하는 능력(지혜)을 얻는다. 그들은 자신의 벌거벗은 몸을 부끄러워하게 되는데, 이것은 자신을 타자화하고 윤리적 판별을 하게 되었음을 상징한다. 신은 그들을 에덴동산에서 추방하면서 스스로 노동해야 하는 벌을 내린다. 푸코(1966/2012)의 견해를 적용하면, 에덴동산은 '자연의 자생적 결실만으로 먹고살 수 있는 인구 재생산 상태'를 의미한다. 이 신화적 상징은 지혜와 노동을 동시적 사건으로 묶는다.

철학자 롤랑 바르트도 노동과 지능의 관계성에 동의한다(Barthes, 1957/1995). '노동(생산)하는 자의 언어'는 '현실'을 말하는 역량을 가진다. 노동은 인간과 자연(나무)을 연결한다. 나무꾼은 노동을 통해서 나무를 직접 말할 수 있다.

> "나무꾼은 나무를 말한다(speak the tree). 그러나 나무꾼이 아닌 사람은 나무에 대해 말한다(speak about it). 언어가 작동 과정에서 그리고 과도적으로 그 대상과 연결되어 있다는 것을 의미한다. **나무와 나무꾼 자신은 노동 때문에 연결된다**. 다시 말해서 그것은 행동이다. 그러므로 그것은 정치적 언어다. 그 언어는 그가 나무를 변형시킬 때 나무를 대표한다. 나무꾼의 말은 그가 나무에 행동한 덕분에 언어가 된다."(강조는 저자)

여기서 언어는 지적 역량을 대표한다. 말하기는 지능을 표현하는 중요한 형식 중 하나다. 나무와 직접 연결되는 나무꾼의 언어는 1차 언어다. 나무꾼이 아닌 사람은 그저 '나무에 대해' 말할 수 있을 뿐이다(2차 언어). 나무꾼의 실천은 나무의 언어를 생산한다. 그의 언어는 나무라는 현실에 매달려 있으므로 견고함이 있다. 다시 말해서 '진실'을 생산하는 힘이 있다. 나무꾼(노동하는 자)의 언어는 그의 지적 능력을 표현한다.

데카르트의 인간과 기계 비교

근대 철학자 르네 데카르트(Rene Descartes)는 정신(이성)과 신체를 이원화했다고 알려졌지만, 사실 그의 이성 개념은 경험(신체)을 전제한다. 그는 인간의 이성이 모든 상황에 조응하는 행동(실천)을 만들어 낼 수 있다는 점에 주목했다. 그래서 이성을 '보편 도구(universal instrument)'라고 정의한다. 반면에 기계는 그럴 수 없다.

> "이성은 모든 상황에 적절히 대처할 수 있는 보편적 도구인데 반면에 기계는 그렇지 않다. 기계가 어떤 개별적인 행동을 하려면 그런 행동에 필요한 개별적인 배치가 기관 속에 들어있어야 한다. 우리 이성이 우리에게 행동하게 하는 것과 같은 방식으로 삶의 모든 상황에 맞게 행동할 만큼 충분한 다양한 배치가 기계 속에 있다는 것은 사실 불가능한 일이기 때문이다."(데카르트의 〈방법서설〉 중에서)

흔히 이성은 논리적이고 합리적인 사유만을 의미하는데, 여기서 말하는 '모든 상황에 맞게 행동하기'는 이성

만의 영역이 아니라 더 넓은 범위에 걸쳐 있다. 우리는 일상에서 논리적 판단 과정을 생략하고 습관적으로 그리고 무의식적으로 그 상황에 맞는 행동을 할 수 있다.

데카르트는 '이성'의 특징을 분명하게 정의하기 위해서 '기계'와 대비를 끌어왔다. 기계는 행동을 지시하는 구체적인 지시 사항(명령문) 없이는 어떤 행동도 스스로 만들어 낼 수 없다. 그런데 매 순간의 상황은 무한히 많다. 매 순간에 대한 지시 사항도 무한히 많아질 것이다. 유한한 기계의 몸 안에 무한한 지시 사항을 담는 것은 불가능하다. 그래서 기계는 인간과 같은 '보편적 역량'을 가질 수 없다. "심지어 가장 멍청한 사람도 그런 일을 할 수 있는 정도로 쉬운 일인데도 기계는 할 수 없을 것이다." 데카르트의 지적은 통쾌하다. 다시 말해서 지능은 기계의 지시문처럼 외부로부터 주어지는 것이 아니다.

기계가 지능을 가지려면

데카르트는 기계의 지적 역량을 단정적으로 부정했지만, 그의 상상은 이후 인공지능 등장을 촉발했다. 인간과 기계 사이의 경계가 수립되자, 그 경계에 도전하려는 욕망도 구체적으로 출현할 수 있었기 때문이다. 20세기 수학자 앨런 튜링(Turing, 1950)은 기계도 스스로 지적 역량을 형성할 수 있다고 상상했다. 그의 '생각하는 기계' 개념에 따르면, 생각하기 위해서는 불완전해야 한다. 기계가 '완전한 지시문들'로 가득 차 있다면 더는 학습할 필요도 없을 것이고 생각할 필요도 없을 것이다. 데카르트가 이미 지적했듯이, 기계는 원천적으로 완전한 지시문을 가질 수도 없다.

이것은 현대의 공학자들에 의해서 다시 확인되었다. 대표적으로 '전문가 시스템(expert system)' 실험은 백과사전을 만들 듯이 일일이 모든 상황에 맞는 명령문을 작성하는 방식으로 기계 지능을 구현하려 했지만 실패했다. 이를 이미 예견이라도 한 듯이 튜링은 '생각하는 기계'를 불완전한 기계라고 규정했다. 그는 이 불완전한 최초의 기계를 '아이-기계(child-machine)'라고 명명했다

튜링은 데카르트의 '이성(보편 도구)' 개념을 기계에 적용하며, 지능을 "그 자신의 행위 결과를 관찰함으로써 자신의 목표를 더 효과적으로 달성하도록 자신의 프로그램을 수정하는 역량"으로 정의했다. '아이-기계'는 모든 지시 사항을 기계 내에 담으려 하지 않는다. 이 기계는 불완전함으로써 환경과의 상호 작용을 구조적으로 허용받는다. 마치 시몽동(Simondon, 1958/2011)이 말한 '기계의 비결정성 여지' 개념과 유사하다. 기계의 불완전성

(또는 비결정성)은 환경에 대한 감수성을 보증한다.

그러므로 '아이-기계'는 스스로 지능을 얻기 위해서 자기 활동에 의존해야 한다. 인간이라면 그런 활동을 '노동한다'라고 말할 것이다. 기존의 기계가 주어진 지시 사항에만 의존했다면, 이 새로운 기계는 자신의 노고(노동)를 통해서 지능을 획득하는 여정을 걸어야 한다.

노동과 지능

지능은 세계와의 직접 상호 작용에 의존해 달성될 수 있다. 그런 활동을 할 수 있다면 지능은 출현할 수 있다. 노동은 세계와의 가장 격렬한 상호 작용 과정이다. 노동은 '사물에 질서를 부여하는 형식'이다(Fuchs, 2014). 노동의 특성은 사실 기술의 정의이기도 하다. 철학자 하이데거(Heidegger, 1977)에 따르면, 기술은 '자연에 부여하는 질서 형식'이다. 어떤 형태이든지 질서를 부여함으로써 사물과 자연의 존재를 드러나게 한다.

마르크스도 노동과 지능의 관계를 확인한 바 있다. 그에 따르면 보편적 노동은 일반 지성을 생산한다(Chandler & Fuchs, 2019 재인용). 보편적 노동은 모든 과학적 작업, 모든 발견과 발명을 포함한다. 덕분에 지식, 의사소통, 그리고 기술은 공공재로 변모한다. 노동 없이 지능도 없다. 반대로 지능 없이 노동도 없다.

외부 세계와 아무런 상호 작용도 하지 않고 다만 내부 작용만으로 지능이 출현할 가능성은 없다. 이것은 인간과 '생각하는 기계'만이 아니라 살아 있는 모든 존재에게 공통으로 적용되어 온 특성이다. 따라서 세계(자연/환경)를 이해할 수 있는 가장 강력한 방법, 노동을 제거하려는 시도는 정당하지 않고 성공할 수도 없다.

AI 담론의 난관

현재 AI 담론에서 가장 결정적 난관은 노동과 지능에 대한 이원론적 이해다. 이원론적 세계관은 무엇이든 쉽게 분할하고 다시 임의로 재조립할 수 있기를 기대한다. 그래서 신체와 지능을 독립적 단위로 간주하며, 기계라는 새로운 신체에 지능이라는 내용물을 간단히 옮길 수 있다고 전제한다. 그래서 '노동은 기계에 위임하고 지능은 인간이 담당한다'라든가, '인간 지능을 기계로 그대로 옮긴다'라는 편의적 공상을 정당화한다.

데카르트와 튜링 그리고 바르트의 설명에 기반하면, 그런 비전은 불가능한 꿈이다. 기계는 언젠가 '지능'을 가질 수도 있지만 아마도 그것은 인간과 같은 지능은 아니다. AI는 인간과 다른 신체를 가지고 있고 다른 방식의 실행(노동)을 하기 때문이다. 다시 말해서 AI가 유능해지더라도 그것은 인간 지능과 같은 것이 아니라, '그 자신의 지능'이다. 이것은 '기계가 생각할 수 있다'고 주장한 튜링의 견해를 지지하면서 동시에 그 기계가 '인간처럼 이해하는 것은 아니다'라는 철학자 존 설(Searle, 1980)의 주장도 지지한다.

AI의 실현은 가능하지만, 그렇다고 해서 그것이 인간 지능을 대체하지는 않는다고 결론 내릴 수 있다. 그러면 인간이 AI의 등장을 두려워할 필요도 없어진다. 인간과 AI가 불화할 필요가 없는 것이다. 기계의 지능도 기계의 실행(노동)도 인간의 그것과는 다르기 때문이다. 기계의 지능이 출현한다면 그것은 기계 스스로 실행에 근거해 구성한 지능일 것이다. 기계의 고유한 지능과 노동이 있고, 인간의 고유한 지능과 노동이 있다. 각자의 고유성을 승인하면 양자 사이의 교류와 협력이 가능해진다.

문제는 현재 주류 담론이 아직 이를 이해하지 못하고 있다는 것이다. 정부 기관과 전문가들은 AI가 인간을 대체한다며 대대적인 준비 작업으로 부산하다. 정부 보고서와 기업가들은 AI와 노동의 대립을 선동한다. 노동자의 재교육 정책은 신자유주의 정부 체제에서 항상 해 왔던 일이다. 그들의 주장은 AI 산업 체제에 노동자(시민)

를 끼워 맞추려고 시도한다.

인간과 기계, 서로 고유한 노동과 지능

살펴본 바와 같이, 지능은 결코 실천(노동)과 분리될 수 없다. 노동은 육체적이고 지능은 정신적이라는 이분법은 폐기되어야 한다. 노동(실천)은 제거하고 지능은 남겨 놓는 해법은 불가능하다. 노동의 소멸은 우리가 원하는 세계가 아니며 그럴 수도 없다.

기계는 매우 매력적이지만, 기계가 인간의 노동을 대체하기 때문에 매력적인 것은 아니다. 사실 기계가 인간 노동을 그대로 재현했다면 '또 하나의 인간 노동'의 추가에 불과할 것이다. 그런 양적 증가는 그다지 특별하지 않은 일이다. 기계가 인간 노동과 같았다면 인간의 노동 방식에 영향을 주지도 못했을 것이다.

기계와 인간 노동이 서로 다르다는 것이 오히려 새로운 가능성을 만든다. 서로를 보충할 수 있기 때문이다. 본래 기계는 인간 노동을 돕기 위해서 출현했고 여전히 그럴 수 있다. 노동자와 기계의 대립은 본래 모습이 아니다. 최초로 공작 기계를 만든 사람들은 기계공들이었다. 기계와 인간 노동이 서로 보완적으로 작동하는 모습이 자연스럽다.

인간 노동자와 기계는 서로를 모방할 수는 있지만, 완전히 같아질 수는 없는 독자적 성격이 있다. 인간과 기계는 서로 달라서 서로에게 매력적이다. 다시 기계와 인간 노동은 생산 현장에서 친밀하게 상호 조응할 수 있다.

결론적으로 종합하면, 지능의 대체를 원하지 않는다면 노동의 대체도 거절해야 한다. 기계는 인간의 노동을 대체할 수도 없지만 대체하려고 시도하는 것도 부당하다. 잘못된 시도는 문제를 왜곡하기 때문이다. 노동과 기계가 대체 관계가 아니므로 인간과 기계를 대립하도록 만드는 배치는 상황을 왜곡한다. 특히 노동자는 일방적으로 기계 규칙에 종속되지 않고 자신의 리듬을 구성하며 일할 수 있어야 한다. 그 과정에서 그들은 스스로 기계의 협력을 배치하는 경험을 생성할 수 있다.

참고문헌

김지연(2024). 『과학문화, 난쟁이와 거인의 노래: 공기펌프부터 AI까지, 세계관의 변화를 가져온 16가지 과학 이야기』. 자유아카데미.

이재원(2005). 마르크스의 노동의 윤리성. ≪대동철학≫, 29, 123-150쪽.

Barthes, R.(1957). *Mythologies.* 정현 옮김(1995). 『신화론』. 현대미학사.

Descartes, R.(1641). *Meditations on first philosophy: With selections from the objections and replies.* 이현복 옮김(2021). 『제일철학에 관한 성찰: 자연의 빛에 의한 진리 탐구』. 문예출판.

Chandler, D., & Fuchs, C.(2019). *Digital objects, digital subjects: Interdisciplinary perspectives on capitalism, labour and politics in the age of big data.* London: University of Westminster Press.

Foucault, M.(1966). *Les mots et les choses.* 이광래 옮김(2012). 『말과 사물』. 민음사.

Fuchs, C.(2014). *Digital labour and Karl Marx.* New York and London: Routledge.

Heidegger, M.(1977). *The question concerning technology and other essays.* W. Lovitt(Trans.), New York: Harper & Row.

Marx, K.(1867). *Das Kapital: Kritik der politischen Ökonomie.* 김수행 옮김(2015). 『자본론 1』. 비봉출판사.

Simondon, G.(1958). *Du mode d'existence des objets techniques.* 김재희 옮김(2011). 『기술적 대상들의 존재 양식에 대하여』. 그린비.

Searle, J. R.(1980). Minds, brains, and programs. *Behavioral and brain sciences,* 3(3), pp.417–457.

Turing, A. M.(1950). Computing machinery and intelligence. *Mind,* 59, pp.433–460.

06
철도 노동과 자동화

한국은행이 발간한 보고서 『AI와 노동 시장 변화』(2023)는 'AI 노출지수'를 기준으로 대체 가능성이 큰 상위 열 가지 직업을 선정했다. 여기에 철도 및 전동차 기관사가 포함되었다. 역사적으로 자동화는 노동 대체가 아니라 노동 통제 이데올로기의 수단이었다. 철도 노동 현장의 이야기를 들어 본다.

AI와 야구?

'AI 노출지수'란 무엇인가?

AI 노출지수는 웹의 연구(Webb, 2020)에서 가져온 예측 방법론이다. 여기서 사용한 방법은 해당 직업의 직무 내용 설명서와 AI 관련 특허 내용 사이의 관련성 분석이다. 특히 직무 내용과 특허 제목이 얼마나 중복되는지(동사-명사 조합)에 주목한다. 예를 들어, 의사의 직무 중 하나는 "병을 진단한다"이다. 이 표현을 담고 있는 AI 특허가 있는지를 조사하고 여기에 가중치를 적용하여 노출지수를 산출한다.

AI 특허 제목에 해당 직무 내용이 포함되어 있다면 그 직무에 대한 자동화 노력이 많은 것으로, 그리고 자동화 노력이 많다면 그 직무가 대체될 것으로 추정하는 것이다. 그래서 이 지수가 높다면 그 분야 일자리는 고용이 줄고 임금 상승률도 낮아질 것으로 예상한다. 일견 타당하다.

그런데 이런 노출 정도가 곧바로 자동화 실현으로 이어질까? 노출 정도가 높은 이유는 여러 가지다. 요리하는 로봇처럼 가정 요리를 단순 노동으로 인식하는 사회문화도 크게 작동한다. 단지 노출 정도가 자동화 실현으로 그대로 이어진다면 가정주부가 가장 먼저 사라졌을 것이다. 20세기 말 '요리하는 로봇'은 자동화 담론에서 가장 자주 등장하는 주제였다. 요리하는 로봇이 자주 언론에 언급되었던 것은 로봇 개발자들이 주목하고 있었기 때문이다. 달걀 프라이 작업은 단순한 일로 보였고 쉽게 로봇이 할 수 있을 것 같았다. 21세기 초반까지도 요리하는 로봇은 자주 등장하는 이미지였다.

최근 AI와 로봇에 대한 경험이 쌓이면서, 요리하는 로봇이 쉽지 않다는 것이 확인되고 있다. 요리에 들어가는 재료는 자연물이고 하나하나가 모두 다른 모습을 하고 있다. 각 가정의 주방도 다양한 형태이며 그곳에서 사용되는 조리 도구도 모두 다르다. 시간에 따라 주방 구조와 도구의 상태도 달라진다. 그 변수의 크기는 알파고가 직면한 경우의 수(10의 80승)를 넘을 것이다. 그동안 로봇에 요리를 훈련하는 여러 방법이 동원되었다. 그중 하나는 요리사의 행동을 따라 수행하는 것이다. 이조차 요리 재료와 조리 도구가 항상 '그곳'에 같은 모습으로 놓여 있어야 한다.

노출 정도가 높은 또 다른 이유는 그 일이 너무 매력적인 나머지 주목도가 높아서일 수도 있다. 1940년대 MIT의 학생 동아리 테크모델철도클럽(Tech Model Railroad Club, TMRC)은 철도의 신호기 시스템을 연구했다. 철도 신호 시스템에 관한 연구는 학생들의 흥미를 불러일으켰는데, 네트워크 기술이라는 시대정신을 담고 있었기 때문이다. 이 동아리는 1960년대 '해커'라는 용어를 탄생시켰다(Levy, 2014.11.24). 철도 네트워크는 전화와 전기 그리고 인터넷 등 기술 네트워크의 원형 모델이다. 복잡한 철도 네트워크 내에서 기차가 충돌 없이 원하는 목표까지 제시간에 도달하는 문제는 오늘날 인터넷상에서 패킷이 충돌 없이 목적지에 효율적으로 도달하는 문제와 가족 유사성이 있다.

세상의 관심이 쏠린다면 자동화 가능성도 높아질 수 있다. 그렇더라도 그것이 자동화의 유일한 변수라고 단정하는 것은 성급하다. 철도 직무는 테크모델철도클럽만이 아니라 공학자들의 관심을 많이 받은 영역이었고 자연히 연구 개발의 주목도 많았다. 그런 이유로 AI 노출 지수도 높아졌을 것이다.

현재 철도 노동은 자동화와 무인화 압력을 많이 받는 영역 중 하나다. 철도는 정해진 궤도를 운행하기 때문에 완전 자동화(또는 무인화) 주장은 더욱 그럴듯해 보인다. 그런데 자동화가 항상 노동 해고로 이어지는 것은 아니었다. 황석영의 소설 『철도원 삼대』(2020)는 일제 강점기에 시작된 한국 철도의 역사를 보여 주는데, 자동화 과정도 담고 있다. 당시 증기 기관차에는 기관사와 기관사 보조뿐만 아니라 화부도 승차했다. 기관사, 조수, 화부는 하나의 유기체(집합적 노동자)로서 기차를 운행한다. 화부는 운행 상황을 지켜보다가 경사길이 나오는 등 상황의 변화에 따라 적시에 석탄을 집어넣어야 한다. 어느 날 텐더형 대형 기관차가 등장했다. 이 기관차는 "신식 장치로 자동 급타기가 저탄고 바닥에서 화구 안쪽으로 연결되어 있어서 화부가 지켜 서서 삽으로 퍼 넣는 수고를 하지 않아도 되었다." 이제 화부는 필요 없게 되었다. 하지만 화부가 해고된 것은 아니다. 화부는 기관사 보조가 되었다가 다시 기관사가 되었다. 사실 화부의 일은 사라진 것이 아니라 기관사의 일로 녹아들었다. 화부의 노동이 기관사의 노동(가감관 조작)으로 변신한 것이다. (과거의) 화부도 (현재의) 기관사도 기차에 에너지를 추가하거나 중지하는 판단을 수행한다.

철도 신호 시스템 자동화

오늘날 철도 직무에서 가장 자동화가 많이 진행된 부분은 신호 시스템이다(2024년 8월 16일 김재길 인터뷰). 신호 시스템은 바로 테크모델철도클럽의 학생들이 주목하던 일이다. 철도 역사에서 신호 오인으로 인한 대형 사고가 끊이지 않아서 신호 자동화 노력은 중요했다. 인터넷상에서 패킷의 충돌은 그저 새로운 패킷을 재전송하기만 하면 될 일이지만, 기차의 충돌은 심각한 인명 사고로 이어진다.

철도 신호 시스템은 19세기 말 궤도 회로의 개발에서 시작해, 현대의 자동 폐색 신호 시스템에 이르기까지 긴 역사를 가진다. 자동 폐색 신호 시스템은 폐색 구간(한 개의 열차만 진입할 수 있는 구간)에 신호기를 설치해 기차에 자동으로 지시 사항을 전달한다. 이 시스템은 그 외 계전 연동 장치와 지상 신호기로 체계화되어 있다. 하지만 날씨 등 변화로 인해 신호기를 확인하지 못할 수 있다. 이에 기차의 안전성을 자동으로 확보하는 장치인 ATS(automatic train stop)나 ATC(automatic train control) 등이 출현했다(장승민 외, 2018).

이처럼 오랜 기간 자동 신호 시스템이 발전한 사실을 보면, 일견 철도 자동화는 간단한 일처럼 보인다. 기차가 궤도를 따라 움직이도록 정해져 있고 모든 기차는 신호 장치를 부착하고 있어서 선행하거나 후행하는 기차와 자동으로 통신한다. 그리고 모든 기차의 운행을 중앙에서 관찰하고 소통할 수 있는 정보 통신 시스템을 구현하고 있다. 철도 노동자 사이에서도 철도 무인화는 정해진 운명인 것처럼 말해지고 있다. 그런데도 철도 무인화 계획은 그다지 낙관적이지 않다. 왜 그런가?

흔히 자동화 시스템이 사고를 줄일 것으로 희망한다. 무인 운행 중인 신분당선 운영사는 "지하철 사고의 80% 가량이 기관사의 실수 등으로 일어나기 때문에 첨단 장치를 이용한 무인 운전을 구현해 승객의 안전을 확보했다"라고 밝혔다(김기성, 2019.10.19). 이 같은 발언은 자동화를 통해 인간 요소를 제거하면 안전할 것이라는 기계주의 환상을 담고 있다. 자동화 시스템이 인간의 실수를 방지하는 효과가 있는 것은 사실이다. 그런데 자동화 시스템 자체가 새로운 실수를 유발하기도 한다는 점은 간과된다. 문제 해결을 인간 실수 제거에만 초점을 두고 시스템 오류는 고려하지 않는 것이다.

2017년 9월 13일 경의중앙선에서 기관차 두 대가 자동 정지 장치(ATP) 시험 운전 중 충돌했다(백은진, 2017.9.15). 이 사고로 기관사 한 명이 사망하고 여섯 명이 중경상을 입었다. 선로와 기차 사이 자동 정지 장치가 제대로 작동하는지 확인하는 시험이었다. "최악의 상황을 설정하기 위해" 뒤쪽 기차가 "최고 속력으로 앞선 기차에 접근"하게 하는 상황을 가정한 실험을 진행했다. 이것은 그야말로 실험 운행이므로 이 신호 시스템이 완전하지 않은 상태라고 간주했어야 했다. 따라서 선행 기관차를 가상으로 설정했어도 충분했는데 실제는 그렇지 않았다. 신호 시스템에 대한 과도한 신뢰가 낳은 불행이었다. 전자 신호기는 제대로 작동하지 않았고 관제소도 이상 신호를 발견하지 못했고 따라서 열차 운행 중단을 명령할 수도 없었다. '최고 속력 명령'을 받고 달려온 후행 기차는 선행 기차에 강하게 충돌했다. 시스템에 대한 과도한 의존이 사고에 대처할 유연성을 빼앗는다는 교훈을 얻는 데 큰 대가를 지불했다.

자동화, 중앙 관제로 해결되나?

자동화 개념은 대체로 중앙 관제 시스템에 핵심적 역할을 부여한다. 중앙 관제는 효율적이지만 결정적 약점도 있다. 하나의 집중된 의사 결정 방식은 대체로 표준적인 의사 결정을 취하므로, 모든 현장에서 일어나는 다각적인 상황을 고려할 수 없다. 기차는 아무 저항 없이 "단순히 속도를 맞춰 움직이기만 하는 모형 같은 존재가 아니다"(네이버 블로그 "철도의 무인화 및 자동화에 대한 짧은 이야기"). 승객의 수에 따른 제동력 차이, 날씨에 따른 궤도 성질 변화 등 기차 운행에 영향을 주는 요소는 다양하다. 이 때문에 현장의 상태가 표준적인 범위를 벗어나게 되면, 그 순간 그 명령은 잘못된 것이 된다. 잘못된 명령은 곧 사고로 이어질 수 있다.

그 외에도 기차가 운행하는 과정에는 다양하고 복합적인 환경 요소가 함께 작동한다. 현재 무인 운행하는 경전철과 신분당선에서도 확인할 수 있다. 경전철의 경우 승객이 자동 출입문에 끼는 사고가 빈번하다. 철도 승객은 철도 기술 사용자다. 기술 사용자는 언제나 개발자와 관리자의 예상 범주를 벗어난다. 기술이 '완벽해지면' 완전 자동화가 가능할 것이라는 생각이 타당하지 않은 이유다. 기술은 단독으로 작동하지 않는다. 사용자는 매우 중요한 기술의 환경이다.

경전철은 비용 절감을 목적으로 무인화되면서 잦은 고장과 무정차 통과 등 여러 사고를 일으켰다. 중앙관제센터는 현장 사고를 인지하지 못하다가 승객의 신고로 나중에서야 확인하는 일도 있다(이용철, 2022). 서울시 박수빈 의원에 따르면, 경전철 혼잡 관리를 위한 안전요원 배치 예산이 편성되지 않았다(윤철순, 2024.1.10).

신분당선 역시 통신 및 신호 장애로 자주 운행 지연이 발생하고 있다(서인경, 2018). 통신 장애는 흔하게 일어나는 사건이다. 본래 인터넷은 통신을 보증하지 않는다. 정전도 통신 장애의 요소 중 하나다. 육지와 강(바다)을 지나 사방으로 뻗어 있는 통신망은 언제든지 물리적 손상을 입을 수 있다.

게다가 중앙 관제 시스템은 통신 장애나 해킹에 완전히 대응할 수 없다. 이 문제를 극복하려면 금융 시스템 이상의 전용망을 구축해야 한다. 전 세계 해커들은 여러 가지 이유로 시스템 침투를 시도한다. 그들은 때로는 시스템의 결함을 증명하기 위해서 또는 어떤 이득을 얻기 위해서 특정 시스템 관리자 권한을 탈취한다. 이런 경우 중앙 집중 시스템은 오히려 자기 자신을 해칠 수 있다.

의사 결정의 원격화

중앙 관제 시스템은 부수적으로 의사 결정 장소를 원격화한다. 19세기 이후 산업 자본가들은 자동화 자체보다 이 부수적 효과를 더 주목했다. 노동자로부터 생산의 주도권을 박탈할 수 있기 때문이다. 공장을 기계화하면서 생산 현장으로부터 경영자가 있는 사무실(원격)로 의사 결정권을 이전할 수 있었다. 수치 제어 시스템이나 테일러-포드 시스템은 중앙 집중적 의사 결정과 노동 통제를 동시에 성취했다. 그것은 권력의 문제였다.

중앙 관제는 전일적인 시각을 제공할 수 있으므로 장점이 있다. 다만 현장의 시각을 모조리 폐기한 토대 위에서 중앙 관제를 구현한다면 시스템은 위태로워진다. 의사 결정을 완전히 중앙화하려는 시도는 현실적이지 않다. 현장의 인간과 기계의 리듬이 구성되는 과정을 방해하며 협응을 무너뜨리기 때문이다. 안전 운행이라는 최종 목적을 위해 인간과 기계의 관계가 조응해야 하듯이 현장과 중앙의 관계도 위계보다는 상보적인 것으로 설정해야 한다. 어느 쪽도 완벽하지 않기 때문이다.

무인화 자체가 목표인가?

2003년부터 철도 공사는 '1인 승무제'를 확대하고 있다. 이에 철도 공사 측의 비용 절감 주장과 노조 측의 안전 운행 주장이 대립하고 있다. 철도노조는 1인 승무가 노동 강도를 높이며, 이로 인해 철도 안전에 문제를 일으킬 것으로 전망했다. 법원의 판결은 이를 암시한다. 2004년 서울행정법원 행정1부 대구 기관차 승무원 가족이 제기한 소송에서 "2003년 3월부터 1인 승무를 하느라 스트레스를 많이 받아 숨진 것으로 보인다"라며 원고 승소 판결한 사례가 있다(한계희, 2006.9.8).

1인 승무 상태에서는 부기관사가 전담하던 무선 업무를 1인 기관사가 전담해야 한다. 기관사는 관제센터나 정차역과 수시로 신호 상태, 선로 상태를 소통해야 한다. 선행 차량과의 안전거리 등 기본 정보는 기관실 내 "APT

시스템에 표시되지만 모든 것을 100% 믿을 수 없다"(2024년 9월 2일 김재길 인터뷰). 어떤 때는 다른 기차에 궤도를 양보해야 할 수도 있고, 날씨로 선로의 변화가 있다면 '운행 지침(매뉴얼)'보다 더 느리게 운행해야 한다. 지형적으로 위태로운 선로를 지나야 할 때도 있다. 예를 들어 용문-제천 구간은 경사가 매우 가파르고 구불구불하며, 상하행 열차가 교대로 지나가야 하는 단선 구간이다. 사소한 실수로 정면충돌이나 탈선이 발생할 수 있다(윤명은, 2014.3.6).

박세증 전국철도노조 서울지방본부 지부장은 "단지 업무 증가보다는 책임 부담이 커진다"고 지적한다(2024년 9월 10일 인터뷰). "단독 승무는 보조 기관사 없이 기관사 한 명이 운행과 이례 상황을 모두 책임지라는 겁니다. 특히 차량 고장이나 이례적 상황 시 옆 선로에 다양한 열차가 다니는 와중에 선로에서 혼자 사고 조치하는 건 엄청나게 위험하죠. 그만큼 압박감과 스트레스도 큽니다. 이것은 안전과 직결되는 문제"예요(김은영, 2013. 8.10).

철도 공사는 비용 절감을 위해서 1인 승무를 도입한다고 주장하지만, 인원 감축이 비용 절감과 직접적 인과관계가 있는지도 명확하지 않다. 신분당선은 민영화되었고 무인 운행 중인데, 다른 노선보다 비싼 요금을 받으면서도, 노인 등에 대한 무임 수송 부분에 대해 정부에 손실 보상을 받아냈다(이지혜, 2024.1.3). 무인화 자체가 비용 절감으로 이어지고 이것이 다시 요금 인하를 불러올 것이라는 기대와 현실은 다르게 움직이고 있는 것이다.

자동화 속 무급 노동

처음부터 자본주의는 노동에 대한 정당한 지급을 하지 않는 방식으로 이윤을 얻는 방법을 잘 알고 있다. 자본은 자동화를 통해서 노동을 기계의 보조 지위로 전락하도록 이데올로기화하면서 더 낮은 임금을 정당화한다. 기계의 결핍을 메우는 노동자의 존재를 은폐하는 것(2장 침조)은 시작에 불과했다. 자동화나 무인화 계획에는 언제나 무급 노동과 무임 노동의 확장이 은밀하게 포함되어 있다(3장). 무급 노동 때문에 '더 낮은 임금'이 가능해진 것이다.

우리의 기억 속에서 버스 안내원은 자동화로 '대체'되었다. 그러나 사실 그들의 업무는 사라진 것이 아니라, 버스 운전자와 승객에게 분담된 것이다. 승객은 스스로 요금 납부 과정에 대한 준비가 되어 있어야 한다. 버스 카드를 지참해야 하고 버스 인식기가 제대로 작동하는지 주의를 기울여야 한다. 인식기는 간혹 이미 승차 인식을 한 승객의 다른 카드가 접촉되는 경우, 새로운 승객으로 간주해 요금을 산정한다. 운전자는 운전하는 중에도 승객이 승차할 때 요금을 제대로 내는지 감시해야 한다. 때로는 승객이 표준 지급 수단이 없다면 대체 지급 수단도 제공해야 한다. 현실은 무한히 많은 양태를 만들어 낸다. 운전자의 이 노동은 추가된 노동이며 무급 노동이다.

선례를 고려하면, 철도 노동에서 '1인 승무제'는 자동화에 따른 무급 노동의 증대 전략이다. 예를 들어 1인 승무자는 무선 통신을 전담해야 한다. 이것은 추가 노동이지만 그 대가는 지급되지 않는다. 기관사는 약간의 추가 노동이 대수롭지 않게 여겨질 수 있지만, 명백한 것은 본래 유급 노동이었던 부분이 무급 노동으로 전환되었다는 것이다. 지급되지 않은 임금은 자본의 이윤으로 전환된다.

기관사는 '정시 도착'이라는 최종 목표와 '매뉴얼 준수'라는 매 순간의 목표 사이에 놓인 긴장 상태를 헤치며 과업을 수행한다. 1인 기관사는 한편으로 추가적인 무급 노동을 수행하면서도 다른 한편으로 우발적이고 이례적 상황에 홀로 대응하는 책임도 져야 한다. 문제 상황은 드물게 찾아오고 그래서 대부분의 시간 동안은 평소 업무와 동일하다고 간주하곤 한다. 그러나 그것은 단지 비가시적일 뿐이다. 현실의 존재자들은 상호 작용하면서 무한히 많은 양태로 변신한다. 노동자는 불확실한 양태에 대한 지속적인 주의를 책임진다. 그것은 무급 노동으로 남는다.

추가 무급 노동은 기관사가 준수해야 할 '매뉴얼(운행 지침)' 내용의 추가를 의미한다. 기관사는 추가 무급 노동으로 인한 복잡함의 증가로 인해 실수할 위험에 더 자주 직면한다. 이로 인해 사고가 난다면 철도 공사는 기관사에게 책임을 묻는 태도("매뉴얼 지켰어?")를 취한다 (2024년 10월 15일 박세중 인터뷰).

자동화 이데올로기로 인한 이득은 누구에게

자동화 이데올로기는 현실적 근거가 미약한데도 불구하고 강력한 힘을 발휘하고 있다. 자동화로 노동이 대체되었다고 믿게 함으로써 그 노동을 비가시화하고 그에 대한 대가를 지급하지 않는 것을 정당한 것으로 만들어 준다. 이 이데올로기는 존재하는 것을 은폐함으로써 권력을 만든다. 나아가 이것은 중요한 기회를 박탈한다. 우리가 자동화 기계를 실천적으로 이해하고 상호 조응하며 고유한 노동 리듬을 구성할 시간을 놓치게 한다. 이는 회복하지 못한 사회적 손실이다.

최근 기관실 CCTV 설치 문제도 논란이다. 감시는 고용주가 노동자의 임금을 깎고 노동자들이 더 많은 일을 하도록 몰아붙일 수 있게 한다. 경제학자 아세모글루와 존슨(2023/2023, 460쪽)은 감시가 '지대를 이전하는' 행위라고 지적한다. 노동자의 실질적인 생산성은 거의 증대시켜 주지 않으면서 전반적인 생산성 이득이 노동자에게로 공유되는 것을 막고 지대를 노동자에게서 떼어내 자본으로 이전한다.

참고문헌

김기성(2019.10.19). 기관사 없이 '무인운전'…비상시 관제실과 직접통화. 한겨레. https://www.hani.co.kr/arti/area/area_general/498273.html

김은영(2013.8.10). 철도 1인 승무제 반대 투쟁의 1차 승리: 공사가 마음대로 할 수 없다는 것을 확실히 보여 줬습니다. 노동자연대. https://ws.or.kr/article/13397

백은진(2017.9.15). 경의중앙선 기관사 참사 사고: 기관사 목숨을 담보로 무책임한 시운전 강행한 책임자를 처벌하라. 노동자연대. https://ws.or.kr/article/19317

서인경(2018.12.21). 또 멈춰선 신분당선… 무인열차 움직이는 통신장애. 국민일보. https://www.kmib.co.kr/article/view.asp?arcid=0012938280

이지혜(2024.1.3). 신분당선 민자사업자 '무임승차 손실' 338억, 정부가 메꿔준다. 한겨레. https://www.hani.co.kr/arti/society/society_general/1122747.html

윤명은(2014.3.6). 철도노조 '중앙선 1인 승무' 반대-안전을 위한 싸움? 기득권 유지를 위한 싸움?. MCPLUS. https://www.mc-plus.net/news/articleView.html?idxno=34

윤철순(2024.1.10). 박수빈 서울시의원 "시, '경전철 안전사고' 우려 외면". 투데이신문. https://www.ntoday.co.kr/news/articleView.html?idxno=102186

이용철(2022.11.11). 신림 경전철 3개역 무정차 통과, 승객 안전은?. TBS. https://tbs.seoul.kr/news/newsView.do?typ_800=&idx_800=3482828&seq_800=20475487

장승민 외(2018). 철도 신호시스템의 역사 및 동향분석. 『2018년도 한국철도학회 춘계학술대회 논문집』.

한계희(2006.9.8). 철도노조 농성중…1인 승무제 반대. 매일노동뉴스. https://www.labortoday.co.kr/news/articleView.html?idxno=66013

황석영(2020). 『철도원 삼대』. 창비.

Acemoglu, D., & Johnson, S.(2023). *Power and progress: Our thousand-year struggle over technology and prosperity.* 김승진 옮김(2023). 『권력과 진보; 기술과 번영을 둘러싼 천년의 쟁투』. 생각의힘.

Levy, S.(2014.11.24). The Tech Model Railroad Club: Here's where our computer culture was born. Wired. https://www.wired.com/2014/11/the-tech-model-railroad-club/

Webb, M.(2020). The impact of artificial intelligence on the labor market. https://www.michaelwebb.co/webb_ai.pdf

07
관계적 노동 현장, 전산 노동 사례 연구

산업 시대 노동자는 지적 능력을 사용할 필요가 없이 기계적으로 관리되고 통제되어야 할 생산 요소에 불과했다. 지적 능력이 노동과 분리되고 기계의 규칙이 생산 현장을 지배했다. 20세기 말 정보 통신 기술(ICT)의 등장으로, 상호 연결된 새로운 노동 과정, '국제 디지털 노동 분업(IDDL)' 형식이 출현했다. 생산 현장은 더 기계화되지만, 노동과 지능의 관계는 사라지지 않는다.

AI와 윤동주?

정보 통신 기술(ICT) 노동

현대의 컴퓨터는 구상과 실행을 분리하는 데 뛰어나다. 컴퓨터는 조작자를 도와, 생산 과정에 대한 인간의 통제를 회복할 잠재성이 있다. 그러나 그런 일이 그냥 이루어지는 것은 아니다(Piore & Sable, 1984). 컴퓨터 사용 노동자의 사고는 대체로 최고 경영진의 목적에 부합하도록 훈련된다. 그래서 컴퓨터 사용 노동자의 수가 많아졌다고 해서 노동자의 자율성이 나아졌다고 볼 수는 없다.

다행히 이 영역은 해커 윤리의 흔적이 강하게 남아 있다. 해커는 생존을 위해 컴퓨터를 사용하는 차원을 뛰어넘어 다음 단계로 나아가는 사람들이다. 그들은 사회적 관계를 위해 컴퓨터를 사용하곤 한다. 해커는 경제적 목적 대신 동료의 인정(peer recognition)을 얻기 위해 움직인다(Himanen et al., 2001/2002). 그들은 건설적인 목적이 아니라 참여 자체를 즐거워한다(Levy, 1984/2013).

기술이 인간의 인지를 소프트웨어로 전환해 '코드화된 반복적인 정보 처리 작업'으로 만들어 가지만, 그 과정은 결코 완성될 수 없다. 인간의 작업을 정확한 '규칙'으로 분절할 수 없기 때문이다. 그래서 코드로 전환되지 못한 과정은 컴퓨터의 대상이 되지 못한다. 자동화하기에 가장 까다로운 작업은 언어로 전환되지 않아서 암묵적으로만 이해할 수 있는 유연성과 판단력 그리고 상식을 요구하는 작업이다(Autor, 2014).

소프트웨어 개발 현장

사회학자 셰스타코프스키(Shestakofsky, 2017)는 자동화에 대한 관심이 높은데도 불구하고 실제 과정에 대한 이해는 부족하다고 지적한다. 현장 연구는 거의 하지 않고 단정적 예견만 난무하기 때문이다. 자동화 이전에 그 시스템이 실제 작업 환경에서 어떻게 작동하는지 그리고 그 시스템이 인간의 관계에 어떻게 의존하는지에 대한 진지한 고찰이 필요하다.

AI의 역사는 자동 시스템이 실제 환경에서 자주 실패한다는 경험을 남겼다. 개발자들은 AI 시스템이 인간의 개입 없이 작동하는 설계 방식을 포기해야 했다. 그래서 AI의 설계와 작동에는 언제나 인간 참여를 일상적인 요소로 포함하기 시작했다. 최초의 튜링 기계를 지향했던 엘리자 프로그램(1966)은 기계 학습을 위해서 다수 사용자를 대화에 참여시켰다. 최근 챗지피티(ChatGPT) 프로그램 역시 마찬가지다(김지연, 2025, 283쪽).

셰스타코프스키는 기술 스타트업 '올던(AllDone, 가명)'에서 참여 관찰을 수행했다. 이 연구는 노동자와 기술 간의 관계가 회사의 조직적 개선과 영향을 주고받는다는 사실을 확인한다. 이 회사는 '아마존 지역 서비스(Amazon for local services)'를 구축하는 여러 회사 중 하나다. 대부분의 신생 기업들과 마찬가지로 올던은 불확실성과 유동성이라는 조건 속에 놓여 있다. 기업가들은 예상치 못한 문제가 발생할 때 임시 대응을 개발하고 결과가 불확실한 다수의 새로운 시도를 실험하는 적응 전략을 추구한다.

올던의 임원들은 우선 투자를 유치해야 했고 개발자들은 새로운 사용자를 유인해야 했다. 이 과정에서 '기계의 지체(machine lag)'와 '인간의 지체(human lag)'에 직면했다. 소프트웨어 개발자들은 늘 기계 지체(기술 한계)와 회사의 부족한 자원 사이에 놓여 있다. 그들은 소프트웨어 인프라에서 반복적인 정보 처리 작업을 수행하도록 필리핀 근로자를 '전산 노동(computational labor)'에 배치함으로써 당시 발생했던 기계 지체를 해소했다. 그들 노동 덕분에 소프트웨어적 장애가 있는데도 사용자가 증가할 수 있었다.

기계의 지체와 인간의 지체

올던의 전산 노동은 세 가지 방법으로 소프트웨어 시스

템을 보완했다. 경우에 따라서 인간 작업자의 암묵적 숙련이 컴퓨터 코드보다 유용하게 작용할 수 있다는 것을 발견했다. 또 다른 경우에는 노동자를 마치 소프트웨어 알고리즘인 것처럼 역대체(reverse substitution)하는 방법도 있다. 관리자들은 그들을 '인간 기계(human machine)'라고 불렀다. 소프트웨어는 비정형화된 정보를 정확하게 수집하는 일을 잘하지 못한다. 인간 노동자는 회사가 원하는 정보를 식별하는 암묵적 이해가 있었고 그래서 쉽게 그 일을 수행할 수 있었다. 그들이 없었다면 엄청난 소프트웨어 제작 비용이 들어가야 했을 것이고, 게다가 개발 시간도 더 많이 필요했을 것이다. 일부 인간 작업자는 소프트웨어 자동화를 탐지하는 시스템이 전복되는 것을 방지하는 해결책을 찾아내기도 했다. 이후 자금 사정이 좋아지면서 소프트웨어 개발에 상당한 자금을 할애해 부분적으로 전산 노동이 자동화된 후에도, 전산 노동자의 수는 오히려 증가했다.

올던은 기술 개발 기간의 두 번째 단계에서 '인간의 지체'를 경험했다. 당시 관리자들은 회사의 지속 가능성을 보장하고 새로운 자금 조달을 유도하는 쪽으로 초점을 이동했다. 매칭 알고리즘이 과거 행동 정보를 수집해 구매자 요청에 부합하는 판매자를 추천했다. 그러자 요청

받지 못한 판매자는 화를 냈다. 이것은 인간 요소로 인한 지체였다. 이 문제는 전화 지원 노동자의 '감정 노동'으로 해결했다. 전화 지원 노동자들은 판매자의 신뢰를 유지하는 역할을 해냈다.

구매자와 판매자 그리고 변화하는 회사의 관심사 사이에서 균형을 맞추기 위한 '하나의 명확한 올바른 방법'이란 존재하지 않는다. 따라서 '쉬운 답변'은 없다. 판매자는 문제가 있다고 느낄 때 전화 지원 직원에게 전화할 수 있고 담당자는 최상의 환경을 제공하기 위해 시스템을 개선하고 있다고 판매자를 안심시켰다. 이들은 시스템이 감당하지 못하는 실시간의 사용자 관계를 부드럽게 관리하고 사용자가 올던의 제품과 정책에 적응할 수 있도록 교육하고 지원했다. 이후 개발자들은 기계 학습 알고리즘을 사용해 동적 가격 책정 모델을 개발해서 전화 지원 노동자를 지원했다.

기술 개발 마지막 단계에서 올던은 추가 자금을 확보하고 사용자를 확대해야 했다. 이때 기계의 지체와 인간의 지체가 다시 한번 부상했다. 소프트웨어 개발 과정에서 기계의 지체와 인간의 지체는 일시적인 특징이 아니다. 회사가 지속적으로 시스템을 재조정해 사용자의 이익과 균형을 맞추기 때문에, 기계의 지체와 인간의 지체는 영구적으로 '해결'되지 않는다. 이러한 보완적 노동의 확대는 인간과 기계의 관계의 불균등한 발전이 단순히 미성숙한 기업의 일시적 현상이 아니라는 것을 보여 준다.

이것은 기업에 내재하는 '영구적인 지체'다. 그런 이중의 지체를 극복하기 위해서 올던의 전산 노동 조직 또는 감정 노동 조직 같은 새로운 구조 개발이 필요했다. 무엇보다 올던의 관리자와 개발자들은 생산 과정에서 인간 요소를 배제하려는 취지로 소프트웨어 알고리즘을 개발하려 하지 않았다. 대신, 소프트웨어와 인간 작업자의 조합을 지속적으로 재구성해 기술과 인간의 관계를 조정하며 문제를 해소할 수 있었다.

비가시적인 관계 드러내기

이 외에도 기계와 인간의 협응 관계를 시도하는 사례는 드물지 않다. 오픈소스 애니메이션 커뮤니티와 소프트웨어 회사의 관계를 조사한 연구(Jarrett, 2019)에 따르면, 기업 생산자와 오픈소스 사용자 커뮤니티 사이에는 선물 교환과 상품 교환 관계가 동시에 발생한다. 이들의 관행을 통해서 비-시장 교환의 특성을 확인할 수 있다. 사실 자본주의 생산 모델은 자본주의적 방법만으로 성립할 수 없다. 무수히 많은 비가시적 노동의 도움을 받은 덕분에 유지될 수 있었다. 그런데도 자본주의는 계산되지 않은 그 공헌에 보답하기보다는 오히려 그 존재를 깎아내리고 은폐했다.

기술 사회학의 여러 연구는 기술 결정론을 거부하고 디지털 기술이 새로운 인간-기계 상호 보완성에 주목해야 한다고 주장한다. 정보 시스템은 사람들로 가득 차 있지만 우리는 그들을 보지 못하고 있다(Gillespie, 2016). 기술이 노동자를 대체한다는 자동화 이데올로기 관점은 인간과 기술 사이 새롭고도 긴밀하며 풍성한 상호 연결을 놓치게 만든다. 우리는 자본주의를 떠받쳐 왔던 비물질적이고 비가시적이며 계산되지 않았던 관계를 주의 깊게 조망해야 한다(Jarrett, 2019). "완전한 자동화 신화"는 여전히 강력하지만, 주의를 기울인다면 쉽게 그 결함을 인지할 수 있다.

사람으로 가득 찬 정보 시스템

인간 노동은 소프트웨어 기업 운영에 여전히 필수적인 요소이고 앞으로도 그럴 것이다. 생산에서 인간 요소를 제거하고 기계의 힘에만 주목하는 설명은 '인간이 수행하는 필수적인 역할'을 놓친다.

올던의 시스템은 보완적 노동의 지속적인 적용과 재

구성을 보여 준다. 회사는 노동자들이 빨리 성장하도록 돕고 급속한 변화에 대한 사용자들의 감정적 반응을 관리하는 일에 주목할 수 있었다. 이는 소프트웨어만으로는 달성할 수 없다. 기업은 맹목적으로 '초지능 자동화 기계'를 지향하는 일을 중단해야 한다. 대신 다양한 인간 그룹이 다양한 기계 그룹과 협력해 어려운 문제를 해결하며, 새로운 범주의 협력을 탐구하도록 도와야 한다.

현대의 정보 시스템이 인간 노력에 의존하고 있음을 인정하고 공식화해야 한다. 자율 주행 자동차 소프트웨어를 훈련하기 위해 인간 노동자가 도로, 보행자, 도로 표지판 및 기타 수천 개의 이미지에 공들여서 표지를 붙여야 한다(Mindell, 2002). 넷플릭스는 개인화된 추천 소프트웨어를 개발하고자 상금을 걸었지만, 성과는 거의 없었다. 그래서 모든 영화를 직접 보고 분류하는 전담 직원을 고용했다. 그 직원은 각 영화나 TV 프로그램에 수십 가지 속성에 따라 라벨을 붙이기 위해 36페이지 분량의 교육 문서를 읽어야 한다. 이후 이들은 넷플릭스 영화를 약 7만7000개의 세부 장르로 분류했다.

페이스북의 뉴스피드는 기계 학습 알고리즘을 사용해 사용자 게시물을 필터링한다. 그러나 소프트웨어만으로는 사용자가 매일 올리는 폭력적이고, 불안하며, 부적절한 콘텐츠의 홍수를 따라갈 수 없었다. 페이스북은 복잡한 지침에 조응해 결정을 내릴 수 있는 수천 명의 노동자를 고용했다. 구글의 검색 알고리즘은 수십억 개의 웹페이지를 정렬해 사용자에게 관련 결과를 반환한다. 사용자의 클릭 수를 추적해 사람들의 선호도를 학습하는 소프트웨어뿐만 아니라 회사의 지침에 따라 검색 결과의 관련성을 평가하는 인간 작업자를 고용했다. 그들은 해당 검색 결과에 등급을 부여함으로써 검색 알고리즘 개선에 기여한다.

최근 AI 서비스에서도 마찬가지다. 구글 AI 서비스 제미나이(Gemini)는 "피자에 접착제를 발라야 한다"거나 "하루에 돌 한 개를 먹어야 건강해진다"고 말해서 충격을 주었다. 제미나이가 인터넷 커뮤니티의 장난 글 또는 풍자 글을 참조한 것이다. 사람들이 인용하는 횟수가 많으면 AI는 우선 참조하는 경향이 있는데, 농담과 진실을 구별하지 못한다. 이후 구글은 문제를 해결하기 위해 직원들이 일일이 링크 내용을 확인해야 했다(임대준, 2024.8.25).

생성형 AI 사용이 증가하면서 환각 증상을 개선하는 일이 중요해지고 있다. 구글과 오픈에이아이사를 포함해 개발자들은 이 문제가 단순히 기술적 규모를 확대하는 것만으로 개선될 수 없다는 것을 알고 있다(Rae et al., 2021; Weidinger et al., 2021). GPT-기반 모델에서 '생성'이란, '현실'이 아니라 '현실과 구별할 수 없는 데이터' 생산을 의미하기 때문이다(김지연, 2025, 267쪽). 이를 해소하기 위해 챗지피티 개발자들은 '인간 피드백 기반 강화 학습(reinforcement learning from human feedback, RLHF)'을 도입했다. 이 방법론은 전체 개발 과정 중 일부에 불과했지만, 상당한 효과가 있었다(Ouyang et al., 2022).

관계성 노동

종합하면, 새로운 AI 시스템은 노동자를 대체하는 것이 아니라 오히려 사람과 기술 간의 새로운 보완성을 불러온다. 자동화가 노동자를 대체할 것이라고 전제하거나 기술 사용의 결과가 표준적일 것이라고 가정해서는 안 된다. 대신, 사람과 기술 사이의 상호 연결과 그 조직적 맥락, 일자리의 공간적 분포, 그리고 불평등 시스템에 주목해야 한다(Joyce et al., 2021).

셰스타코프스키와 동료 연구자인 켈카르(Shestakofsky, 2017; Shestakofsky & Kelkar, 2020)는 인간과 기술 사이의 관계를 조사하면서, 누락된 인간 노동자의 특질을 포착하고 이를 '관계성 노동(relationship labor)'이라고 명명했다. 이 노동은 "복잡한 사회 기술적 전체 내에서 부분 간의 원활한 상호 작용, 각 부분 간의 조정 및 교정을 지원하는 관행의 하위 집합"이다.

관계 노동은 디지털 플랫폼에서 새로운 방식으로 결합하는 활동의 통합이다. 예를 들어, 기업의 콜센터나 영업 담당자는 고객의 감정 상태를 관리하고 개인화된 지원을 제공함으로써 고객 충성도를 높이려고 노력한다. 오픈소스 소프트웨어 관리자는 기업의 가치 창출을 위한 집단적 노력을 촉발하기 위해 개별 이해 관계자 간의 파트너십을 촉진한다. 플랫폼 회사는 자사 서비스와 사용자 간에 발생하는 마찰을 관리하기 위해 관계적 작업을 수행하는 직원을 고용한다. 이런 자발적 조정은 사용자의 참여와 지역 사회의 발전을 도모하는 사회적 과정이다.

사실 모든 노동은 이미 관계성을 포함하고 있다. 마르크스(1867/2015, 53쪽)는 노동을 인간 생존의 조건이며, '인간과 자연 사이의 물질대사 즉 인간 생활 자체를 매개하는 영원한 자연적 필연성'이라고 정의했다. 존 벨라미 포스터(Poster, 2000/2016, 306쪽)도 "인간과 자연 사이의 과정, 인간이 자신의 활동을 통해 자기 자신과 자연 사이의 이러한 물질대사를 매개하고 규제하며 통제하는 과정"이라고 강조했다. 노동 자체가 세계의 관계성을 생산하는 '지능적인 활동'인 것이다.

이것은 기계적 과정에서도 흔히 일어나는 일이다 기계 시스템은 어느 정도 '비결정성의 여지'를 포함한다 (Simondon, 1958/2011). 그 안에서 기계들이 서로 정보를 교환할 수 있는 것은 인간 통역자의 조정을 통해서다. 심지어 정보 교환이 두 기계 사이에서 직접적일 때조차, 정보가 더 잘 교환될 수 있도록 인간은 기계의 비결정의 여지를 조절하는 역할을 한다.

참고문헌

김지연(2025). 『인공지능과 인간: 관계적 존재론을 향하여』. 드림미디어.

임대준(2024.8.25). '낚시'에 약한 AI 챗봇…이번에는 사용자 '릭롤' 등장. AI타임스. https://www.aitimes.com/news/articleView.html?idxno=162796

Autor, D.(2014). Polanyi's paradox and the shape of employment growth. National Bureau of Economic Research Working Paper No. 20485, Cambridge, MA: National Bureau of Economic Research.

Foster, J. B.(2000). *Marx's ecology: Materialism and nature.* 김민정·황정규 옮김(2016). 『마르크스의 생태학: 유물론과

자연』. 인간사랑.

Fushs, C. 2014. Digital Labour and Karl Marx, Routledge. pp. 285-347.

Gillespie, T.(2016). Algorithm. In B. Peters(Ed.), *Digital keywords: A vocabulary of information society and culture*(pp.18 – 30). Princeton, NJ: Princeton University Press.

Himanen, P., et al.(2001). *The hacker ethic: A radical approach to the philosophy of business.* 신현승 옮김(2002). 『해커, 디지털 시대의 장인들』. 세종서적.

Jarrett, K.(2019). Through the reproductive lens: Labour and struggle at the intersection of culture and economy. In D. Chandler & C. Fuchs(Eds.), *Digital objects, digital subjects: Interdisciplinary perspectives on capitalism, labour and politics in the age of big data*(pp. 103-116). London: University of Westminster Press.

Joyce, K., et al.(2021). Toward a sociology of artificial intelligence: A call for research on inequalities and structural change. *Socius: Sociological research for a dynamic world*, 7, pp.1 – 11.

Levy, S.(1984). Hackers: Heroes of the computer revolution. 박재호·이해영 옮김(2013). 『해커스: 세상을 바꾼 컴퓨터 천재들』. 한빛미디어.

Marx, K.(1867). *Das Kapital: Kritik der politischen Ökonomie.* 김수행 옮김(2015). 『자본론 1』. 비봉출판사.

Mindell, D.(2002). *Between human and machine: Feedback, control, and computing before cybernetics.* Baltimore, MD: Johns Hopkins University Press.

Ouyang, L., et al.(2022). Training language models to follow instructions with human feedback. *Advances in neural information processing systems*, 35, pp.27730–27744.

Piore, M. J., & Sable, C. F.(1984). *The second industrial divide: Possibilities for prosperity*. New York: Basic Books.

Rae, J. W., et al.(2021). Scaling language models: Methods, analysis & insights from training gopher. *arXiv preprint arXiv:2112.11446*.

Shestakofsky, B.(2017). Working algorithms: Software automation and the future of work. *Work and occupations*, 44(4), pp.376–423.

Shestakofsy, B., & Kelkar, S.(2020). Making platforms work: Relationship labor and the management of publics. *Theory & Society*, 49, pp.863–896.

Simondon, G.(1958). *Mode d'existence des objets techniques*. 김재희 옮김(2011). 『기술적 대상들의 존재 양식에 대하여』. 그린비.

Weidinger, L., et al.(2021). Ethical and social risks of harm from language models. *arXiv preprint arXiv:2112.04359*.

08
기계의 자율성과 실시간 협상

의료 수술 현장에 로봇 시스템이 도입된 것은 이미 30여 년 전 일이다. 그중 하나로 사이버나이프(CyberKnife)는 1990년대 후반 방사선 학자 존 애들러(John Adler)가 종양 환자의 수술 처치를 위해서 고안한 로봇 시스템이다. 이 기계는 로봇 팔과 실시간 영상 추적 기술을 결합해, 환자가 움직이더라도 방사선이 종양을 찾아 처치를 수행할 수 있다.

AI와 한의학?

인간과 기계의 접촉 지대

시장 분석 보고서에 따르면, 2023년 로봇 수술 시스템인 사이버나이프(CyberKnife) 시장 가치는 4억4800만 달러였고, 2029년까지 연평균 성장률(CAGR)이 17%를 넘을 것으로 보인다(Bajaal, 2024). 이런 추세와 함께 흔히 로봇 수술이 인간 요소를 완전히 제거할 것으로 여겨지고 있다. 하지만 사실이 아니다.

이 시스템의 확산에는 몇 가지 장애가 있는데, 그중 하나가 전문 인력 부족이다. 의료진이 시스템을 완전히 숙달하기까지 시간이 걸리며, 교육 과정 중에도 추가 비용이 발생한다. 여기서 전문 인력이란 이 시스템의 사용자를 말한다. 이 시스템은 단독 작동이 아니라, 애초부터 사용자를 전제한 설계이다.

현장에서 인간과 AI는 서로를 유능하게 만들 수 있다. 해러웨이(Haraway, 2008)는 이에 대해 AI와 인간이 서로를 형성하고 변화시키는 '접촉 지대(contact zones)'라고 명명한다. AI와 인간이 만들어내는 관계에 주목하면 이처럼 새로운 존재의 변화를 감지할 수 있다.

사회학자 엠마 다린(Dahlin, 2024)은 현장 참여 분석 연구를 수행하며, 우리가 기계의 자율성에 대해서 다시 생각해야 한다는 점을 확인한다. 자율성이라는 개념은 사람마다 다르고 명료하지 않아서 합의하기 어렵다. 자율성은 자명한 것이 아니라 불안정하고 상황에 따라 달라진다. AI와 인간의 관계는 미리 결정된 명시적 위임에 따라가기만 하는 것이 아니라, 양자가 실천 과정에서 서로 관여하는 방식에 의해 조정된다.

사이버나이프는 사용자의 선택에 따라 자율성의 정도(DoA)와 수준(LoA)를 다양하게 설정할 수 있다(Adler et al., 1997). 이 시스템의 정밀도는 밀리미터 미만의 오차만을 허용하며, 치료 전반에 걸쳐 방사선 빔이 실시간으로 '적응'하며 작동한다. 제작사의 안내문에 따르면, "인간이 승인한 수술 계획에 따라 완전한 절차를 수행할 수 있으며, 이때 인간은 응급 정지 기능만을 사용한다. (로봇이 인간에게 보낸) 개입 요청에 대해 인간이 적절히 응답하지 못하더라도 로봇은 작업을 완료"할 수 있다.

유동적인 자율성

다린(2024)이 관찰한 사이버나이프 시스템은 자율적이지만 기본적으로 인간의 감독하에 작동한다. 이 관찰 연구 이야기에는 의료 물리학자 존, 종양학자 마리, 그리고 방사선 치료사인 안나와 조지라는 인물이 등장한다. 존의 방에 있는 컴퓨터에는 사이버나이프 소프트웨어 프로그램이 설치되어 있다. 존은 이 프로그램을 이용해서 치료 계획을 수립한다. 존은 사이버나이프가 자율성을 가지지 않으며 단지 인간의 치료 계획을 따를 뿐이라고 말한다. 존은 수일에 걸쳐서 환자를 관찰하고 자료를 분석한다. 그리고 이 시스템에 원하는 것(목표)과 원하지 않는 것(제약 조건)을 전달한다. 때로는 더 많은 제약 조건을 추가해 시스템을 조정한다. 환자의 신체에는 다양한 장기와 뼈가 있어서 방사선 빔을 정확히 조준하는 유일한 방법 같은 것은 없기 때문이다.

존은 이 과정에서 종양학자 마리와 상의하면서 모든 방사선 빔의 각도, 모양, 종양 부위에 전달될 방사선량을 계산하고 결정한다. 또한, 존은 치료 계획을 세우는 과정에서 자신과 시스템 사이에 일어날 협력의 양상에 대해 설명한다. 그는 시스템을 고려해 해결책을 찾고, 작업하며, 계산한다. 이 순간 사이버나이프는 자율성을 가진 존재로 출현한다. 이 시스템이 할 수 있는 것과 그렇지 않은 것이 존의 계획에 영향을 주기 때문이다.

방사선치료사 안나와 조지는 사이버나이프 치료실 옆에 있는 제어실에 있다. 제어실과 치료실 사이에는 무거운 문이 있다. 제어실 창을 통해서 치료실을 볼 수 있다. 사이버나이프가 치료를 시작하면 방사선 노출을 피하기 위해 환자를 제외한 모든 사람은 치료실을 떠나야 한다. 사이버나이프와 환자만이 치료실에 남겨지는 것이다. 안나와 조지는 제어실의 컴퓨터를 통해서 사이버나이프를 감시하며 치료가 계획대로 정확히 진행되는지에 관해 의견을 나눈다.

환자는 계속 호흡하기 때문에 치료 도중에 종양의 위치가 미세하게 바뀔 수 있다. 환자가 기침하거나, 체내의 액체와 가스의 움직임 때문에 종양의 위치가 이동할 수도 있다. 사이버나이프는 환자의 호흡 패턴을 추적하면서 종양의 움직임을 실시간으로 따라가야 한다. 사이버나이프는 환자 주변을 돌며 다양한 각도에서 방사선빔을 전달하는 동시에 종양의 위치를 지속적으로 확인하고 계산한다. 그런데 때때로 이 시스템은 계획에서 벗어나 방황하며 제멋대로 행동한다.

방사선치료사는 필요한 경우 프로그램을 일시 중단할 수 있다. “사이버나이프는 흉터를 병변으로 착각하고 그 흉터를 치료하려고 할 수 있어요. 이런 일이 발생하면, 저는 실시간 이미지를 잡아내고 컴퓨터 마우스를 사용해 실시간 이미지를 치료 계획의 이미지 위로 끌어다 놓죠. 사이버나이프에게 이 영역을 집중해서 치료하라고 알려주는 겁니다.”

안나와 존은 방사선 치료와 의료 물리라는 서로 다른 훈련을 받았기 때문에, 사이버나이프 시스템과의 관계에서 다른 방식으로 작업한다. 존은 시스템과 함께 치료 계획을 세우는 작업을 하고, 안나는 치료를 실행하는 역할을 한다. 두 사람은 방사선 치료를 완료하는 데 각각의 역할을 다하지만, 사이버나이프 시스템의 전체 작업 개요를 모두 알지 못한다.

인간과 사이버나이프 시스템은 접촉하고 협력하는 과정에서 때때로 서로에게 다양한 속성을 부여하거나 거부한다. 이 시스템은 무언가를 배울 수 있고, 이해할 수 있으며, 해결책을 찾을 수 있고, 계산할 수 있으며, 결정할 수 있고, 작업할 수 있고, 스스로 행동할 수 있다. 그러나 인간 행위자는 때때로 개입한다. 존처럼 이 시스템의 자율성을 인정하지 않거나, 안나처럼 때때로 시스템의 자율성을 중단시킨다.

소통의 실천, 목적과 자율성의 연결

기계의 자율성 개념은 기계 자체의 내적 작동으로 완결되지 않는다. 그렇다고 해서 '능동적 주체로서 인간'과 '수동적 객체로서 기술'이라는 고전적 이분법으로 분리 가능한 것도 아니다. 사이버나이프 치료 과정을 볼 때,

인간과 기계는 소통하면서 실천한다. 해러웨이(2008)는 이것을 '소통의 실행(practices of communication)'이라고 묘사한다.

존은 시스템과 소통해 자신이 원하는 계획을 시스템 프로그램 안에 생성하는 방법을 찾는다. 그는 시스템에 자신이 원하는 것을 알려줄 방법을 찾아야 한다. 존이 치료 계획을 수립하는 과정은 시스템과 소통하며 협상하는 과정이다. 존은 시스템이 어떻게 작동하는지, 그리고 그의 제안에 어떻게 반응할지를 상상할 수 있어야 한다. 존과 시스템은 서로의 반응에 따라 작업을 즉흥적으로 조정한다. 이 과정에서 존도 변화한다. 존은 시스템에 맞추어 자신을 조율한다. 이때 시스템은 자율성을 가진 행위자가 된다. 물론 존은 여전히 치료 계획의 주체는 자신이라고 확신한다.

한편, 이 시스템의 자율성은 일관된 양태를 보이지 않는다. 어떤 상황에서는 의료진이 AI를 자율적인 행위자로 간주하고, 또 다른 상황에서는 그런 자율 능력이 작업의 장애물로 인식되어 부정되기도 한다. 다시 말해서 기계의 자율성은 때로는 협업을 가능하게 하는 요소로 작용하지만, 다른 때는 협업에 방해 요소로 작용한다. 예를 들어 방사선치료사들은 사이버나이프의 종양 치료를 직접 볼 수 없고 다만 스크린에 의존해서 관찰할 수 있다. 그런데 이 시스템은 독자적으로 모니터링을 수행하기 때문에, 인간 작업자의 관찰을 방해한다.

특정 상황에서 누가 결정권을 가지는지에 대한 인간의 인식은 공식적인 역할 배정에 따르기보다는 직면한 상황에 따라 복잡하게 결정된다. AI 시스템과 인간 사이의 관계도 사전에 정해진 작업 분담에 따르지 않는다. 특정 행동에 대한 책임 문제는 훨씬 더 복잡하며, 자율성이 무엇인지에 대한 견해와 인식도 분명하지 않다. 사이버나이프 작업 과정에서 누가 어떤 행동을 책임지는지 명확하지 않을 때가 있다. 이는 인간과 기계 사이의 경계가 흐려지는 순간인데, 양자의 협업 과정에서 누가 무엇을 책임져야 하는지에 대한 명확한 이해가 부족하거나 아직 전례가 충분하지 않을 때 발생한다. 이 순간 인간 행위자가 그 책임을 최종적으로 배정해야 한다.

안나는 사이버나이프가 치료를 수행하는 모습이 악보를 보고 노래를 부르는 것과 같다고 말한다. 악보는 기본적인 명령문이지만 그 노래를 부르는 사람의 해석과 역량에 따라 상당한 정도의 차이를 만들어 낸다. 이런 조건에서 의료 담당자의 역할은 특정한 상황과 특정한 임무를 고려하면서, 환자 치료라는 목적과 자율성을 가진 AI

를 연결하는 것이다.

현장에서 자율성을 관리하는 방식을 직접 목격한다고 하더라도 그 모습을 완전히 설명하기는 쉽지 않다. 환경은 실시간으로 변하고 그에 따라 인간 행위자와 기계 사이의 자율성과 책임의 내용과 수준이 계속 재조정되기 때문이다.

관계론적 존재, 다시 상상하기

이런 맥락을 고려하면, AI 기계를 다룰 때 주체와 대상이라는 분리적 사고는 재고되어야 한다. 인간과 AI 어느 한 쪽에 온전한 자율성을 배당하는 환원주의적 견해는 현실을 대변하지 못한다. 그런데도 이원론과 환원주의는 우리 삶에 깊게 내장되어 있어 인간과 기계의 관계를 상상하고 새롭게 구성하는 작업을 방해한다.

우리는 우리의 기계를 다시 상상해야 한다. AI가 존재하는 현장의 관행이 생산하는 복잡성을 더 잘 반영하기 위한 일이다. AI 시스템에 대한 이야기를 어떻게 하느냐가 그 시스템을 어떻게 인식하는지에 영향을 미친다. 인간의 가치, 결정, 비전이 우리를 구성하는 것처럼 기계의 존재론도 인간을 구성한다(Akrich, 1992; Dahlin, 2022). 이는 다수 연구자가 AI를 실천적으로 조사하면서 확인한 사실이다. 예를 들어 최근 연구(Vaccaro et al., 2024)에 따르면, 평균적으로 인간-AI 조합은 의사 결정을 요구하는 작업에서는 오히려 손실이 관찰되었고, 콘텐츠 생성과 관련된 작업에서는 유의미하게 성과 향상이 나타났다. 인간과 AI 시스템의 실제 만남은 무한히 다양할 수 있다. 그들의 관계 형식에 따라 많은 방식으로 세계를 재연결하기 때문이다.

참고문헌

Adler, J. R. Jr., et al.(1997). The Cyberknife: A frameless robotic system for radiosurgery. *Stereotactic and functional neurosurgery*, 69, pp.124–128.

Akrich, M.(1992). The de–scription of technical objects. In W. E. Bijker & J. Law (Eds.), *Shaping technology/building society*(pp.205 – 224). Cambridge, MA: MIT Press.

Bajaal, S.(2024). CyberKnife market to grow with a CAGR of 17.28% through 2029. TechSci Research.

Dahlin, E.(2022). Think differently we must! An ai manifesto for the future. *AI & Society*, 39(3), pp.1423–1426.

Dahlin, E.(2024). And say the AI responded? Dancing around 'autonomy' in AI/human encounters. *Social studies of science*, 54(1) pp.59 – 77.

Haraway, D.(2008). *When species meet*. University of Minneapolis Press.

Vaccaro, M., et al.(2024). When combinations of humans and AI are useful: A systematic review and meta-analysis. *Nature human behaviour*, 8(12), pp.2293-2303.

09

과학노동과 AI, 새로운 노동 양태

기술의 변화는 새로운 능력에 대한 필요와 새로운 숙련 노동자 집단을 창출하며, 노동의 자본에 대한 실질적 종속과는 거리가 먼 새로운 노동 유형을 창출한다. 바로 과학 지식 생산 영역이다.

AI와 화장품?

과학 작업과 기계

과학 작업에서 기계 장치는 필수적이다. 근대 과학자는 스스로 탐지 장치를 개발하고 개선함으로써 새로운 과학적 발견을 이룰 수 있었다. 새로운 과학적 발견은 사실상 새로운 기계와 함께할 때만 가능했다. 컴퓨터는 과학 작업 과정에서 탄생했고 이후 과학 작업의 토대가 되었다. 그중 몬테카를로 시뮬레이션 같은 방법론은 과학 전문 영역을 넘어 확대되고 AI 방법론의 중요한 일부가 되었다.

최근 AI 개발자들은 인공지능을 개선하기 위해서, 그리고 인공지능의 존재를 증명하기 위해서 과학적 난제에 도전했다. 2024년 노벨 화학상의 주제는 'AI 기반의 단백질 접힘 구조의 발견'이었다. 이는 과학자와 AI의 새로운 노동관계를 암시한다.

유럽생물정보학연구소(EMBL-EBI)의 데이터베이스 유니프로트(UniProt)에는 약 2억 개의 단백질 구조가 등록되어 있으며, 매년 약 3000만 개의 새로운 단백질 목록이 추가되고 있다. 더 많은 단백질의 구조를 발견할 수 있다면 건강과 질병에 대한 우리의 이해를 극적으로 심화시킬 수 있다. 그러나 단백질 구조에 영향을 주는 변수가 우주의 나이만큼이나 많아서, 엄청난 계산이 필요하다. 이것이 바로 '레빈탈의 역설(Leventhal's paradox, 1969)'이다.

단백질은 몇 가지 독특한 특성을 가진 고분자다. 고분자는 2000개 이상의 원자를 포함하고 있다. 레빈탈은 펼쳐진 폴리펩타이드 사슬에서 매우 많은 자유도로 인해 분자가 취할 수 있는 가능한 경우의 수는 천문학적(10의 300승)이라고 예측했다.

다행히 구조 생물학이 발전하면서 레빈탈의 역설이 제시하는 숫자만큼 아주 절망적이지 않다는 것이 알려졌다. 1972년 크리스천 안핀슨(Anfinsen, 1973)은 "단백질 사슬 접힘을 담당하는 원리에 관한 연구(Studies on the principles that govern the folding of protein chains)"에서, 단백질 아미노산 서열을 결정하는 구조가 있음을 발견했다. 덕분에 아미노산 서열에 기반한 단백질 3D 구조의 기본 원리가 밝혀졌다.

단백질 접힘 연구

단백질은 모든 생명체의 모든 세포 속에서 일한다. 우리의 몸은 근육 세포, 뇌세포, 혈액 세포 등 수조 개의 세포로 이루어져 있다. 그 세포들 안에서, 단백질은 몸이 하는 그 일을 하도록 허락한다. 근육에 동력을 공급하기 위해 음식을 분해하고, 신체를 통제하는 신호를 뇌를 통해 보내고, 피를 통해 영양분을 수송한다. 이렇게 단백질은 수천 가지의 다양한 종류가 있지만, 한 가지 공통점이 있다. 모두 같은 물질로 이루어져 있다는 것이다. 바로 아미노산의 사슬이다. 아미노산은 탄소, 산소, 질소, 황, 수소의 원자로 이루어진 작은 분자다.

아미노산 사슬은 일직선으로 나열된 상태를 좋아하지 않는다. DNA가 단백질로 번역되는 동안 아미노산의 선형 사슬은 상호 작용하면서 코일 형태로 접힌다. 단백질의 아미노산 서열은 짧은 시간에 자동으로 접히면서 3D 접힘 구조를 결정한다. 같은 단백질은 접힐 때마다 매번 같은 모양으로 접힌다. 접힌 단백질은 다양한 분자의 전기적 · 화학적 · 열역학적 상호 작용 결과이고, 그 접힘 구조 덕분에 해당 단백질의 성질이 결정된다. 그래서 단백질이 올바른 고유 구조로 접히는 것이 중요하다. 제대로 접히지 않으면 비활성 또는 유독성 단백질이 생성돼 오작동을 일으키고 여러 가지 질병의 원인이 된다.

단백질 접힘에 영향을 주는 요소는 다양하다. 전기장과 자기장, 온도, pH, 화학 물질, 공간 제한과 같은 여러 외부 요인에도 매우 민감하게 반응한다. 온도는 단백질의 구조적 안정성에 영향을 주며, 단백질을 펴거나 변성

시킨다. 예를 들어서 달걀은 익으면서 단백질 구조가 펼쳐진다. 마찬가지로, 극도의 pH, 기계적 힘 또는 화학적 변성제도 단백질 구조를 바꿀 수 있다. 변성 과정에서 단백질은 3차원 구조를 잃고 무작위 코일 형태가 된다. 항상 그런 것은 아니지만, 일부 단백질은 특정 조건에서 다시 제대로 접힐 수 있다. 단백질의 역동적 접힘 때문에 단백질 구조 발견이 더디게 진행되고 있었다.

시민 과학 게임, 폴드잇

2008년, 워싱턴대학교 연구팀은 단백질 접힘 구조를 찾는 온라인 게임 '폴드잇(Foldit)'을 개발했다. 단순한 계산 접근법과 달리, 폴드잇은 게임을 통해 기존의 계산 알고리즘과 인간의 시각적 문제를 통합하는 전략을 취했다. 그리고 이 게임은 누구나 참가해 단백질 접힘 구조를 탐색할 수 있도록 만들어진 시민 과학 게임이었다(김지연, 2025; Miller et al., 2021).

게임 참가자는 게임 화면에서 3D 단백질 시뮬레이션을 접거나 뒤틀어 조작함으로써 단백질 구조를 예상해 볼 수 있다. 컴퓨터는 단순하고 반복적인 계산을 아주 잘 빠르게 할 수 있지만, 단백질 접힘 같은 과업을 효과적으로 수행하지는 못했는데, 상대적으로 인간은 의도, 공간

합리성, 시도와 오류를 통해서 단백질 접힘을 예측하는 과업을 더 잘 수행했다.

폴드잇 참가자는 게임에서 제공하는 로제타 구조 예측 알고리즘(Rosetta structure prediction algorithm)의 도움을 받는다. 이 알고리즘은 워싱턴대학교 데이비드 바커(David Baker) 박사의 실험실이 개발한 단백질 구조의 계산 모델링 및 분석을 위한 소프트웨어다. 바커 박사는 폴드잇 개발자 중 한 사람으로 2024년 노벨 화학상 공동 수상자다.

폴드잇 게임의 참가자 중 일부는 엄청난 능력을 발휘했다. 그들은 단백질에 대한 과학적 전문성은 없었지만, 단백질 접힘에 관한 미묘한 패턴을 찾아냈다. 그들은 상당한 재배치를 해야만 찾아낼 수 있는 새로운 구조 정제 문제를 찾아냈다. 더 나아가 그들은 이 작업을 더 잘하기 위해서 공동 작업 전략과 알고리즘을 개발했다. 새로운 패턴 발견에 대한 의견을 공유하면서 집단적 작업을 하기 위해서 '폴드잇 플레이어 컨소시엄(Foldit players consortium)'을 구성했다.

폴드잇 작업을 통해서 10년 동안 과학자들을 괴롭히는 문제를 해결하기도 했다. 폴드잇 게임 참가자들이 AIDS 바이러스의 복제에 중요한 단백질 저격 효소(proteinsniping enzyme)의 구조를 찾아낸 것이다. 2011년 이래 연구진은 과학자와 플레이어 공저 논문을 여러 편 출판했다(Ekeberg et al., 2013; Jumper et al., 2021). 평범한 시민이 온라인 게임 방법론을 통해 과학자와 협업하며 과학 지식을 생산하는 일이 가능해졌다.

과학하는 AI, 알파폴드

2018년 딥마인드 연구팀은 유럽생물정보학연구소와 협력하여 단백질 접힘 구조를 예측하는 과제에 도전했다. '알파폴드(AlphaFold)'는 다중 서열 정렬(MSA)을 활용해 단백질 구조에 대한 물리적 및 생물학적 지식을 통합하는 새로운 기계 학습 접근법을 개발했다(Keasar et al., 2018; Senior et al., 2019). 알파폴드 개발팀은 2018년과 2020년 단백질 구조 예측 평가 대회(critical assessment of protein structure prediction, CASP)에 참가했는데, 특히 2020년 대회에서는 월등하게 우수한 구조 예측 성과를 냈다.

알파폴드는 단백질 구조의 진화적, 물리적, 기하학적 제약에 기반한 새로운 신경망 아키텍처와 훈련 절차를 통합함으로써 구조 예측의 정확도를 높일 수 있었다. 접힌 단백질은 노드와 연결선으로 구성된 일종의 '공간 그래프(spatial graph)'로 번역된다. 알파폴드는 1차 아미노산 서열과 동족체 서열(aligned sequences of homologies)을 입력해 특정 단백질의 중원자 3D 좌표를 예측할 수 있다. 알파폴드의 성과를 인정받아, 존 점퍼와 데미스 허사비스가 2024년 노벨 화학상 공동 수상자에 포함되었다.

알파폴드 비평

알파폴드의 성과는 대단한 것이지만 그렇다고 해서 과학자를 대체하는 것은 아니다. 과학자들은 AI 기반 단백질 접힘 연구에 대한 과도한 기대를 우려한다. 로제타폴드 연구팀 중 한 사람인 백민경(2023)은 "예전엔 AI 구조 예측을 너무 안 믿어서 이런 건 좀 믿어 주시라고 말씀드렸는데, 요즘엔 너무 믿어서 오히려 너무 믿지 말고 꼭 검증해서 쓰라고" 지적한다.

알파폴드에 대한 여러 비판을 살펴보는 것은 알파폴드 이해에 도움을 준다. 우선 화학자 데릭 로우(Lowe, 2022.8.5)는 "구조가 전부가 아니다"라고 말한다. "단백질 구조는 매우 유용하고, 쉽게 확보할 수 있으며, 더 많은 연구를 가속할 것이다. 하지만 그것이 당신을 직접 약물로 데려가지도 않고, 더 나은 생각으로 유도하지도 않으며, 독성 실험을 통과할 더 나은 가능성이 있는 것도 아니고, 혈류와 간에서 약의 효과가 지속할 가능성을 보증하는 것도 아니다." 이 화학자의 말처럼, 단백질의 구조에 대한 지식만으로는 생화학적 효과나 표현형 효과를 말할 수 없지만, 구조가 하나의 요소가 될 수 있다는 것도 사실이다.

대부분의 단백질 화학자들이 알파폴드에 대해 부정적이라는 소식도 있다. 그들은 크게 두 가지를 우려한다(Bostock, 2021.9.27). 첫 번째 우려는 데이터베이스에 절대적으로 의존하는 접근 방식이 특정 편향을 도입할 수 있다. 단백질은 두 가지 방법으로 선택된다. 첫째는 진화에 의한 것이고, 둘째는 분석의 용이성에 의한 것이다. 진화된 단백질은 무작위적인 변화를 받지 않고 유기체가 생존할 수 있도록 하는 변화만 가능하다. CASP의 검증은 진화된 단백질로 구성되어 있으므로 진화되지 않은(즉, 조작된) 단백질에 대한 성능의 증거를 제공하지 않는다.

두 번째 우려는 좀 더 모호한 것으로, 모든 단백질이 쉽게 결정화되지 않으며, 심지어 결정화될 수 없다는 것이다. 일부 단백질은 다른 분자와 결합할 때만 정의된 구조로 관찰할 수 있다. 알파폴드는 비단백질 분자와의 결합과 그 구조는 예측하지 못한다. 비판자는 알파폴드를 우려하면서도 이후 알파폴드가 현재의 한계를 극복하면서 정확성이 높아질 것을 기대하기도 했다.

알파폴드가 블랙박스 접근법이라는 비판도 있다(백민경, 2023; Skolnick et al., 2021). 단백질 서열을 입력하고 '마법'을 통해 단백질의 3차원 구조가 나타난다. 그런데 어떤 방식으로 그 구조를 도출했는지 알 수 없다. 알파폴드는 심층 신경망에 기반하기 때문에 환각의 위험이 있다. 즉, 그럴듯하지만 존재하지 않는 단백질을 생성할 수 있다는 것이다. 이 위험을 줄이기 위해 더 많은 훈련 데이터를 추가하겠지만, 완전하지는 않을 것이다.

앞으로 단백질 서열, 구조 및 기능의 상호 관계를 완전히 이해하기 위해서는 더 많은 일이 남아 있다. 예를 들면, 더 정확한 단백질 구조를 사용해 단백질 사이의 상호작용을 추론한 다음, 이 정보를 AI 접근 방식과 통합해 유전자형에서 표현형을 예측하는 도구를 개발하는 것이다(Skolnick et al., 2021).

과학자, 시민 과학, AI

AI가 단백질 구조 탐색자로 부상하면서 신약 개발 연구 분야가 주목받고 있다. 적어도 알파폴드 방법론이 비용이 많이 들고 시간이 오래 걸리는 과학 실험을 보완할 수 있을 것이다. 알파폴드가 단백질 구조 모델을 예측하고 과학자가 실험실에서 검증하는 과정을 결합한다면 과학 작업은 빠르게 성과를 낼 수 있다. 또는 알파폴드가 폴드잇 게임과 결합해 게임 참가자를 더 도전적인 과제로 데려갈 수도 있다.

폴드잇 게임 참가자 단체, 폴드잇 플레이어 컨소시엄(Foldit players consortium)은 단백질 구조 발견 협력 체계를 평가하는 작업(Keasar et al., 2018)에 참여하고 있다. 이 작업을 주도하는 '위폴드(WeFold)'는 단백질 구조 예측 평가 대회(CASP) 공동체와 그 외 연구자들의 협력을 촉진하기 위해서 2012년에 출범한 웹 기반 협력 체제다.

위폴드는 단백질 구조 예측의 규모와 다양성이 매우 크기 때문에 폭넓은 협력 체계를 지향한다. CASP는 1994년 시작해 격년으로 개최되며, 컴퓨터 기반 단백질 구조 예측의 강점과 약점을 실험하고 관련 과학 작업을 촉진했다. 위폴드는 CASP에 참여하고 있는 다양한 집단을 모아 CASP 공동체를 만들었고, 새로운 혁신 개념을 장려하기 위해서 포용적 접근법을 추구했다. 공동체 참여를 널리 구하며 개방적 태도를 견지하는 문화는 AI 개발자

문화와 닮았다.

위폴드의 노력은 상당한 홍보 효과가 있었다. 알파폴드는 바로 위폴드의 개방적이고 폭넓은 협력 노력 위에서 출발할 수 있었다. 컴퓨터 예측과 과학자 그리고 시민 과학까지 다각적인 협력을 위해 모든 역량을 동원하려는 과정에서 알파폴드도 등장할 수 있었다. 위폴드의 활동은 AI 개발자들에게 이 분야에 도전하고 싶은 동기를 불러일으켰다. 이렇듯 열정적인 공동체의 노력은 AI가 개척해야 할 영역을 표지해 준다. 그곳이 바로 인간과 AI의 공존이 가능한 'AI의 정당한 서식지'다.

참고문헌

김지연(2025). 『인공지능과 인간: 관계적 존재론을 향하여』. 드림미디어.

백민경(2023.10.30). 브릭 인터뷰: 단백질 구조예측 AI 로제타폴드 개발 후 2년…. BRIC.

Anfinsen, C. B.(1973). Studies on the principles that govern the folding of protein chains. *Science*, 181(4096), pp.223–230.

Bostock, J.(2021.9.27). A confused chemist's review of AlphaFold 2. Lesswrong. https://www.lesswrong.com/posts/6vybojuDEqaHeg8aN/a-confused-chemist-s-review-of-alphafold-2

Ekeberg, M., et al.(2013). Improved contact prediction in proteins: Using pseudolikelihoods to infer potts models.

Physical review e-statistical, nonlinear, and soft matter physics, 87(1), 012707.

Jumper, J., et al.(2021). Highly accurate protein structure prediction with AlphaFold. *Nature*, 596, pp.583-589.

Keasar, C., et al.(2018). An analysis and evaluation of the WeFold collaborative for protein structure prediction and its pipelines in CASP11 and CASP12. *Scientific reports*, 8(1), 9399.

Lowe, D.(2022.8.5). Why AlphaFold won't revolutionise drug discovery. Chemistryworld of Royal Society of Chemisty. https://www.chemistryworld.com/opinion/why-alphafold-wont-revolutionise-drug-discovery/4016051.article

Miller, J. A., et al.(2021). How do players and developers of citizen science games conceptualize skill chains?. *Proceedings of the ACM on human-computer interaction*, 5(CHI PLAY), Article 244.

Senior, A. W., et al.(2019). Improved protein structure prediction using potentials from deep learning. *Nature*, 577, pp.706-710.

Skolnick, J., et al.(2021). AlphaFold 2: Why it works and its implications for understanding the relationships of protein sequence, structure, and function. *Journal of chemical information and modeling*, 61(10), pp.4827-4831.

10
인간과 기계의 미학적 합성

기계의 작동이 인간 노동과 다르다는 것을 인정하듯이, AI가 인간 지능과 다르다는 것을 이해하는 일은 어쩌면 당연해 보인다. AI를 일방적으로 무시하거나, 인간 지능을 숭배할 필요는 없다. AI와 인간 지능에 대한 더 구체적인 이해를 통해서 경쟁이나 대체 관계가 아니라 상호 보완적이고 미학적 관계를 수립할 수 있다.

종교와 AI?

노동하는 존재들의 서사

인간과 기계의 관계는 다양해서, '주인과 노예' 그리고 '사랑'의 성격을 동시에 가지고 있다(Honneth, 2018/2021). 새뮤얼 버틀러(Butler, 1872/2018)가 말했듯이 인간과 기계의 지위는 주인과 노예로 비견되곤 한다. 만약 기계가 모든 노동을 다 담당할 수 있다면, 그래서 인간의 노동이 완전히 제거된다면 기계는 완전히 '노예'의 지위를 가지게 된다. 그 순간 인간은 주인과 노예의 딜레마에 빠지게 된다. 주인은 자기 삶을 노예에게 의존하면서 결국 자율성을 잃어버릴 것이다. 다행히 기계는 완전한 '노예'가 되지는 못한다. 인간 노동을 대체할 수 없기 때문이다.

한편, 인간과 기계의 관계는 '사랑'에 비유할 수도 있다. 사랑의 관계는 상대의 존재를 위해 자신의 존재를 헌신한다. 인간은 인간만이 아니라 사물도 사랑한다. 그런 일은 드물지 않다. 그리스 신화 속 피그말리온은 자기 작품을 사랑했듯이, 1960년대 컴퓨터 사용자들은 이 새로운 기계를 '사랑'했다(Himanen et al., 2001/2002). 그들은 클럽을 만들어 그 기계를 더 가치 있는 것으로 만드는 데 열정을 쏟았다. 최초의 챗봇, 엘리자의 사용자들은 이 기계와 더 오래 있기를 원했다(김지연, 2025, 160쪽).

이렇게 인간과 기계의 관계는 '주인과 노예' 그리고 '사랑'이라는 두 가지 성격을 횡단하며 직조된다. 역사적으로 인간과 기계의 관계는 서로 의존적이며 서로에 의해서 자신의 지위를 인정받아 왔다. 컴퓨터 프로그램과 사용자는 서로의 가치를 새롭게 창조하고 있다. 산업 시스템(자본)과 이원론 철학의 왜곡이 아니라면 좀 더 상호적 관계로 발전할 수 있었을 것이다.

새로운 기술 시대를 맞으며, 우리는 산업 시대에 있었던 기계와 노동의 불화를 극복하고 노동과 기계의 관계를 재논의해야 한다. 우선 인간과 기계, 서로 각자의 고유한 역량이 있다는 점을 승인하는 것이 필요하다. 인간 노동자를 AI 중심으로 배치하기 위한 노동자 재교육을 준비하기보다는 오히려 인간 노동을 중심으로 AI의 장점을 배당하는 것이 정당하다. AI 윤리 교육은 단순히 직업 교육에 주목하기보다 그들 사이의 새로운 관계를 만드는 일에 중점을 두어야 한다.

인간 노동은 목적과 자유 의지와 상상력이라는 요소를 포함한다(3장). 그것이 그 노동의 자질을 결정한다. 인간 노동이 열정적일수록 AI 시스템은 더 좋은 조건을 얻을 수 있다(7장). 인간 노동은 규칙이나 교육만으로 동원할 수 없다. 자본주의는 단지 경제적 보상으로 그런 협력을 동원할 수 있다고 믿는다. 어느 정도 효과가 있었지만, 한계도 분명했다. 기계의 개선을 위해서라도 인간 노동자의 자발적 승인을 얻는 것이 필수적이다(8장). 그런 점에서 AI는 단지 효율성이 아니라 인간과의 관계에 주목하는 미학성을 지향해야 한다. 우리가 원하는 것은 효율적 지능이 아니라 '아름다운 지능'이다.

출발점에서

AI와 인간의 관계를 미학적으로 형성하기 위해서 무엇보다 AI가 인간을 대체한다거나 '진실'을 생산한다고 믿는 기술 결정론이나 경제주의 태도를 경계해야 한다. 최근 AI 기술이 코딩 작업에 뛰어나 신입 개발자를 고용하지 않을 것이라는 전문가의 전언이 있다. 신입 사원의 코딩이 기계의 코딩으로 대체되는지는 더 면밀한 연구 조사가 필요하며, 그러기 전까지는 판단 중지가 필요하다. 소프트웨어 개발은 여러 차원에 걸쳐서 수행되는 복합적 작업이다. 그런 점 때문에 AI의 코딩에 대한 개발자들의 견해는 다양하다. AI가 신입 개발자의 코딩을 전담한다는 말은 과장된 것일 가능성이 있다. 신입 사원의 역할을 단지 코딩하는 행위로만 환원하는 관념도 편협한 것이다. 그들은 그 세대의 삶을 체화하고 대변한다. 그들은 회사라는 공간에서 그 세대를 다른 세대와 연결하는 존재다. 그들을 고용하지 않고 버려둔다면 장기적으로 회복할 수 없는 손실이 될 것이다.

기술 발전과 기술 윤리를 대립적 주제로 간주하는 관점도 재고해야 한다. 사실 윤리는 관계에 관한 문제이므로 그 자체가 지능을 전제한다. 윤리는 명령문으로 간단히 작성하거나 조리법처럼 따라 하는 것으로 충분하지 않고 그 순간 최고의 지적 능력을 요구한다. 윤리적인 기계는 가장 지능적인 기계일 것이다. 특히 AI 기술은 윤리가 없다면 성취되기 어렵다. 사회적 저항이 그 기술에 저항할 것이기 때문이다.

마지막으로 새로 AI가 도입되는 노동 현장에 대한 제도적 주목도 필요하다. 제도는 비가시적인 관계를 드러내어 공통의 관심으로 끌어오는 일을 할 수 있다. 새로운 기술을 너무 성급하게 판단하지 말고, 구체적인 관찰과 논의를 진행하는 것이다. 예를 들어 키오스크 도입은 자동화 이미지를 만들고 있지만, 실제로는 고객에게 무급 노동을 시키고 있다. 플랫폼 노동이나 미세 노동으로 불리는 분야에 대해서도 진지한 분석이 필요하다. 기계 시스템 안에서 인간 노동이 고유한 가치를 박탈당하고 리듬을 잃어버리는 현장이기 때문이다. 이는 인간의 노동을 고통스럽게 만들 것이다. 노동이 고통스럽다면 그로부터 도움을 얻어야 하는 기계의 작업도 어려워질 수밖에 없다.

공생에 대하여

인간과 기계의 미학적 관계를 위해서 더 긴 역사를 가진 자연의 경험에서 교훈을 얻을 수 있다. 철학자 미셸 세르(Serres, 1995)는 자연 계약에 관해 설명하면서, '공생(symbiosis)' 개념에 주목한다. 우리는 단지 사회 계약에만 제한되지 말고 "공생과 상호성을 기반으로 하는 자연 계약을 추가해" 사유할 수 있어야 한다. 자연 계약 안에서 우리와 사물의 관계는 지배와 소유를 내려놓고 감탄과 관심, 상호성, 관조, 그리고 존중을 지향한다.

공생은 관계의 구성에 관한 것이다. 자연에서 발생한 공생의 몇 가지 특질을 살펴본다. 우선 공생은 서로에게 더 적은 것을 요구하면서도 충분한 이득을 준다(Simons, 2024). 공생의 본질은 혜택의 평등성에 의해 정의되지 않는다. 공생이 '불균등한 혜택을 제공'할 수 있다는 것이다. 예를 들어, 흰동가리와 말미잘 사이의 공생적 관계를 생각해 보자. 흰동가리는 말미잘의 촉수 안에서 피신하는데, 말미잘 촉수의 독성이 흰동가리를 포식자로

부터 보호해 준다. 그 대가로 흰동가리는 자신이 잡은 작은 먹이를 말미잘에게 제공한다. 이 협력 관계에서 흰동가리가 말미잘보다 좀 더 많은 혜택을 받는다. 흰동가리에게는 피난처가 필수적이지만, 흰동가리가 제공하는 먹이의 양은 그리 중요하지 않을 수 있다. 생태계의 다른 부분에 비해 인간과 같은 한 집단이 더 많은 혜택을 받는 것이 충분히 합리적일 수 있으며, 그 대신 모든 관련된 개체들이 어떤 형태로든 이익을 얻거나 중립적인 상태를 유지하는 조건이라면 그 공생은 수립할 수 있다.

다음으로, 공생의 특징은 '새로운 속성의 발현'이다. 두 개의 서로 다른 종이 공생적 협력 관계를 맺을 때, 그 결과는 기존의 두 종의 결합을 초월한다. 대개는 더 나아진 새로운 행동이나 특성을 만들어 낸다. 균근 곰팡이와 식물 간의 공생 관계가 여기에 해당한다. 균근 곰팡이는 식물 뿌리와 공생적 관계를 형성해 상호 이익이 되는 교환을 촉진한다. 곰팡이는 토양 속에서 자신의 연결망을 확장해 식물이 물과 영양분을 더 잘 흡수할 수 있도록 돕는다. 그 대가로 식물은 광합성을 통해 생성된 당을 곰팡이에 제공한다. 이 관계에서 식물과 곰팡이는 서로의 특성과 행동이 개선되도록 만든다. 그 결과 식물은 영양분이 부족한 토양에서도 더 잘 자랄 수 있는 능력을 얻고,

곰팡이는 스스로는 불가능한 광합성에 접근할 수 있다. 그들은 혼자서는 얻을 수 없는 능력을 얻는다.

공생의 세 번째 주요 특징은 '상호 의존성'이다. 공생하는 종은 종종 서로의 생존에 의존한다. 인간과 인간의 신체 내에 사는 수많은 박테리아 사이의 관계를 생각해 볼 수 있다. 이 박테리아가 우리의 신체에 의존해 생존하는 것은 명백하지만, 그 반대도 마찬가지다. 장내 박테리아는 영양소 소화와 인간 건강의 다양한 측면을 지원한다. 우리는 이들 박테리아 없이는 제대로 영양을 얻을 수 없다. 세르가 강조했듯이 "공생 관계의 당사자는 '법적으로' 서로에게 삶을 빚지며, 그렇지 않으면 죽음에 처하게 된다".

이어서 네 번째 특징은 '맥락 의존성(context dependency)'이다. 흔히 공생을 절대적인 개념으로 생각한다. 즉, 협력이 어디에서나 작동하거나 전혀 작동하지 않는다고 생각하는 것이다. 그러나 실제로 공생은 특정 환경에서만 의미가 있다. 예를 들어, 질소 고정 박테리아와 콩 사이의 관계에서 이들 박테리아는 식물 뿌리의 특수한 결절에 살며 식물이 성장에 사용할 수 있는 형태로 대기 중의 질소를 전환한다. 그런데 기후 변화로 인해 평균 기온이 변화하면 꽃가루 매개체의 활동과 개화 시기 사이에 불일치가 발생할 수 있으며, 이는 이들의 공생 관계를 방해한다. 이는 공생의 성공이 환경적 맥락과 밀접하게 연관되어 있음을 보여 준다. 단순히 공생 당사자가 존재하는 것만으로는 충분하지 않으며, 중요한 것은 그들이 맺는 환경과의 적합성이다. 이러한 조건 밖에서는 공생이 성립하지 않는다. 따라서 자연 계약에 대해 생각할 때 그것을 지나치게 절대적인 용어로 생각하지 않는 것이 중요하다. 어떤 조건에서는 공생이 더 나은 것이 아닐 수도 있다.

마지막으로, 가장 중요한 특징은 '상호 포획(reciprocal capture)'이다. 말벌과 난초가 어떤 공통된 이해나 목표를 공유해서 공생적 관계에 들어가는 것이 아니라, 각자 본질적으로 다른 동기를 가지고 그 관계에 들어간다는 것이다. 이런 의미에서 상호 포획은 양쪽 당사자가 각자의 계획안에서 서로를 함정에 빠뜨리는 상황을 의미한다. 이는 "서로 다른 방식으로, 그리고 보통은 완전히 다른 방식으로 이루어지는 이중적인 정체성 형성 과정"이다. 즉, "서로를 공동 발명하면서 각각 자기 이익을 위해 상대방과의 관계를 통합하는" 정체성을 만든다. 각 당사자는 자신만의 이유로 계약에 들어가는 것이기 때문에, 상대와의 자연 계약을 맺기 위해 상대방의 이해를 공유할 필요는 없다. 단지 수용 가능한 공생의 형태를 찾으면 된다. 다시 말해서 공통된 관념이나 가치를 공유하기보다, 대신 결정적인 '반론의 부재'로 충분하다.

이상의 공생 원리는 AI와 인간의 관계를 창설하는 데 참조할 만한 그림을 제공한다. 기술은 마법이 아니므로, 기술은 관계를 형성하며 존재하는 것이 될 수 있어야 한다. 이 관계 형성에서 시민과 노동자 그리고 AI 사용자는 중요하다. 그들은 이 기술과의 관계를 구축하는 과정에서 자신의 인식과 신념을 스스로 형성할 수 있어야 하고, 이를 위해 논의의 장에 들어가야 한다(Sartori & Theodorou, 2022).

인간과 기계의 관계적 존재론

현재 우리의 AI에 관한 경험과 인식은 파편적이어서 주류 담론(기업과 정부)에 쉽게 휩쓸리는 위태로운 상태로 방치되어 있다. 인간과 기계의 관계적 존재론을 시작하기 위해서 시민의 경험과 인식을 집단적인 형태로 구성하는 일이 선행되어야 한다.

시민과 노동자에게 AI 알고리즘을 학습해 성실한 사용자가 되라고 강제하는 일은 공생적 관계 형성에 도움이 되지 않는다. AI 사용 능력이나 근태 관리보다 일하는 사람의 소명을 형성하는 일이 더 필수적이다. AI 기술을 일방적으로 수용하라는 지침 대신 관계적이고 현상학적 접근을 권장한다. 이를 위해서 공공 정책은 자동화 이데올로기 대신 관계적 존재론을 소환할 수 있어야 한다 (Moore, 2015/2020).

존재하는 방식은 항상 관계적이다(진태원, 2022). "생명은 백만 가지 방식으로" 지구 행성을 창조했다. 지구 행성에서 개별 개체란 없다. 그들은 서로에게 의존한다 (Powers, 2018/2019). 인간과 기계를 단순한 어느 한쪽의 위계적 관계로 한정할 수 없다. 무엇인가를 안다는 것은 행동하는 과정에서 발생하는 관행이다. 그러한 만남을 통한 학습은 AI와 관계를 맺는 것이 무엇을 의미하는지, 우리가 어떻게 공존하는지, 그리고 어떻게 함께 발전하는지에 대한 우리의 이해를 높여 줄 것이다.

과학 철학자 라투르(Latour, 2012/2023, 317쪽)는 관계적 존재에 주목하기 위해서 '기술적 객체' 대신 '기술적 존재자'라는 이름을 사용한다. 기술적 존재는 다수의 관계, 즉 마술적, 종교적, 과학적, 철학적 관계에서 조망할 때만 그 양태를 관찰할 수 있다. 법이 법으로만 만들어지지 않고 종교가 종교로만 만들어지지 않듯이 기술적 체계도 기술로만 만들어지지 않는다. 우리는 '관계주의 세계관', 즉 관계의 연결망을 구축하는 과정에서 조금씩 길을 더듬어 가며 탐구해 가야 한다. 그것은 동시에 우리가 기술의 존재자들과 관계를 맺는 법을 배워야 한다는 것을 의미한다(330쪽). 우리는 비가시적인 다수의 관계를 감지할 수 있어야 하고 만날 수 있어야 한다.

인간과 기계가 만나는 현실은 무한히 많은 양태로 출현할 것이다. 그 과정에서 양자는 상대에게 반응을 유도하고 길들이려고 시도하고 동시에 그에 조응해 자신을 변형하고 구성할 것이다. 이런 경험이 공식적인 제도를 통해 가시적인 모습을 가질 수 있도록 도와야 한다.

이 작업은 새로운 도전이다. 여러 모색이 제안되고, 논의되고, 실험될 필요가 있다. 잭슨 등(Jackson et al., 2011)은 현장 연구를 통해서 '집합적 리듬(collaborative rhythm)' 개념을 제안했다. 이는 노동의 관계성 역량을 암시한다. 이 연구에 따르면, 공동의 과학 작업은 조직적, 토대적, 전기적, 현상적 리듬을 중심으로 구성되며, 그러한 리듬을 맞추려는 노력이 공동 작업에서 핵심이다. 우리의 관심과 목표는 (경제적 효율이 아니라) 인간과 AI 사이에서 집합적 리듬이 흘러나오게 하는 것이다.

한 연구(Qiu, 2019, p.161)에 따르면, WGC(노동자 생성 콘텐츠)를 활용하면 신자유주의로 인해 제한된 주체성에서 벗어난 새로운 주체성으로 이어질 수 있다고 전망한다. WGC는 UGC(사용자 생성 콘텐츠)와는 다르다. 예를 들어 중국 노동 계급의 소셜 미디어를 통해 유통되는 WGC는 노래하고 춤추는 아프리카 문화와 유사하다. 이에 익숙하지 않은 관찰자들에게는 무의미하고 혼란스러워 보일 수 있다. 그러나 내부자들에게는 그것이 대단히 영적이고 시적이며, 만족스럽고 강력하며, 반항적이고 재미있게 느껴진다.

새로운 관계를 위한 과제

AI와 노동의 관계에 대한 관계적 접근을 모색하려는 다양한 노력이 일어날 것으로 기대한다. 윤리는 따분한 교과서가 아니라 관계적 활동이다. AI 윤리와 노동 윤리는 관계의 종합에 의해 새로운 존재 양태를 형성할 수 있다. AI에 관한 환상과 공포 대신에 실마리를 함께 탐구하는 조력자로 이 기술을 배치할 때 인간과 AI의 관계는 안전해질 수 있다.

아직 AI는 증명한 것이 없고 우리는 AI에 대해 충분히 이해할 만한 근거를 가지고 있지 않다. 더 실증적인 이해를 위한 실험 연구를 지원하는 것도 좋은 출발이다. 예를 들어서 '시민 과학 기반 AI 거버넌스' 모델을 고려할 수 있다(김지연 · 박진희, 2024). AI 사용자(시민과 노동자)의 경험을 집단으로 수집 · 분석하는 것이다. 이것은 인간과 AI 사이 관계의 경향을 실증적으로 관찰하고 논의하게 해 줄 것이다. 이를 토대로 더 좋은 관계 모델로의 전망을 끌어올 수 있다. 이를 통해 우리는 새로운 노동의 규범과 리듬을 발견할 수 있다.

이 작업은 우리의 정치적 · 윤리적 상상력의 확장을 요구한다. AI 시스템과 인간이 서로 관계를 맺는 방법을 단지 기계 사용법으로 한정할 수 없다. 그 관계는 현장에서 그 순간 창발적으로 발생한다. 따라서 그런 여지를 향한 개방성과 상상력을 허용할 수 있어야 한다. 기계 이데올로기 대신에 AI와 인간의 상호 연결성에 진지하게 참여할 때, 그들은 자기 자신과 서로를 더 나은 방식으로 변신시킬 수 있다. 그리고 AI와 인간의 협력, 공존 및 공동 진화에 관한 서사를 만들 것이다.

참고문헌

김지연(2025). 『인공지능과 인간: 관계적 존재론을 향하여』. 드림미디어.

김지연·박진희(2024). 시민과학 기반 AI 거버넌스에 대하여. ≪과학기술학연구≫, 24(3), 97-132쪽.

진태원(2022). 『스피노자 윤리학 수업』, 그린비.

Butler, S.(1872). *Erewhon: or, over the range.* 한은경 옮김(2018). 『에레혼』. 김영사.

Himanen, P., et al.(2001). *The hacker ethic: A radical approach to the philosophy of business.* 신현승 옮김(2002). 『해커, 디지털 시대의 장인들』. 세종서적.

Honneth, A.(2018). Anerkennung: Eine europäische Ideengeschichte, eine europäische Ideengeschichte. 강병호 옮김(2021). 『인정: 하나의 유럽 사상사』. 나남출판.

Jackson, S. J., et al.(2011). Collaborative rhythm: Temporal dissonance and alignment in collaborative scientific work. In *Proceedings of the ACM 2011 Conference on Computer Supported Cooperative Work* (pp. 245-254). Hangzhou, China.

Latour, B.(2012). *Enquête sur les modes d'existence : une anthropologie des modernes.* 황장진 옮김(2023). 『존재양식의 탐구: 근대인의 인류학』. 사월의책.

Moore, J. W.(2015). *Capitalism in the web of life: Ecology and the accumulation of capital.* 김효진 옮김(2020). 『생명의 그물 속 자본주의: 자본의 축적과 세계생태론』. 갈무리.

Powers, R.(2018). *Overstory.* 김지원 옮김(2019). 『오버스토리』. 은행나무.

Sartori, L., & Theodorou, A.(2022). A sociotechnical perspective for the future of AI: Narratives, inequalities, and human control. *Ethics and information technology,* 24(1), pp.1-11.

Serres, M.(1995). *The natural contract.* University of Michigan Press.

Simons, M.(2024). Symbiosis as a natural contract; Michel Serres and the represntative claim. *Angelaki,* 29(4), pp.56-66.

Qiu, J. L.(2019). Goodbye iSlave: Making alternative subjects through digital objects. In D. Chandler & C. Fuchs(Eds.), *Digital objects, digital subjects: Interdisciplinary perspectives on capitalism, labour and politics in the age of big data*(pp.151–164). London: University of Westminster Press.

김지연

고려대학교 과학기술학 협동과정에서 과학사회학 박사 학위(2010)를 받았다. 현재 고려대학교 과학기술학연구소 연구교수로 일하며, 학부에서 '디지털 기술사회 상상력' 융합전공을, 대학원에서 '기술사회학' 등을 강의한다. 최근 저서로 『과학문화, 난쟁이와 거인의 노래』(2024)와 『인공지능과 인간: 관계적 존재론을 향하여』(2025)가 있다.